中外哲學典籍大全
中國哲學典籍卷
總主編　李鐵映　王偉光

經部春秋類

春秋尊王發微

〔宋〕孫復　著
趙金剛　整理

中國社會科學出版社

圖書在版編目（CIP）數據

春秋尊王發微／趙金剛整理．—北京：中國社會科學出版社，2020. 9
（中外哲學典籍大全．中國哲學典籍卷）
ISBN 978 – 7 – 5203 – 5614 – 5

Ⅰ.①春…　Ⅱ.①趙…　Ⅲ.①中國歷史—春秋時代—編年體
②《春秋》—研究　Ⅳ.①K225.04

中國版本圖書館 CIP 數據核字（2019）第 255767 號

出 版 人　趙劍英
項目統籌　王　茵
責任編輯　王　茵
特約編輯　崔芝妹
責任校對　李凱凱
責任印製　王　超

出　　版　中国社会科学出版社
社　　址　北京鼓樓西大街甲 158 號
郵　　編　100720
網　　址　http://www.csspw.cn
發 行 部　010 – 84083685
門 市 部　010 – 84029450
經　　銷　新華書店及其他書店

印　　刷　北京君昇印刷有限公司
裝　　訂　廊坊市廣陽區廣增裝訂廠
版　　次　2020 年 9 月第 1 版
印　　次　2020 年 9 月第 1 次印刷

開　　本　710 × 1000　1/16
印　　張　17.75
字　　數　210 千字
定　　價　65.00 元

總編輯委員會

主　任　王立勝

副主任　馮顔利　張志强　王海生

委　員（按姓氏拼音排序）

陳　鵬　陳　霞　杜國平　甘紹平　郝立新　李　河　劉森林　歐陽英　單繼剛

吴向東　仰海峰　趙汀陽

綜合辦公室

主　任　王海生

中外哲學典籍大全

總序

中外哲學典籍大全的編纂，是一項既有時代價值又有歷史意義的重大工程。

中華民族經過了近一百八十年的艱苦奮鬥，迎來了中國近代以來最好的發展時期，迎來了奮力實現中華民族偉大復興的時期。中華民族衹有總結古今中外的一切思想成就，才能並肩世界歷史發展的大勢。爲此，我們須編纂一部匯集中外古今哲學典籍的經典集成，爲中華民族的偉大復興、爲人類命運共同體的建設、爲人類社會的進步，提供哲學思想的精粹。

哲學是思想的花朵，文明的靈魂，精神的王冠。一個國家、民族，要興旺發達，擁有光明的未來，就必須擁有精深的理論思維，擁有自己的哲學。哲學是推動社會變革和發展的理論力量，是激發人的精神砥石。哲學解放思維，净化心靈，照亮前行的道路。偉大的時代需要精邃的哲學。

一 哲學是智慧之學

哲學是什麽？這既是一個古老的問題，又是哲學永恒的話題。追問哲學是什麽，本身就是「哲學」問題。從哲學成爲思維的那一天起，哲學家們就在不停追問中發展、豐富哲學的篇章，給出一個又一個答案。每個時代的哲學家對這個問題都有自己的詮釋。哲學是什麽，是懸疑在人類智慧面前的永恒之問，這正是哲學之爲哲學的基本特點。

哲學是全部世界的觀念形態，精神本質。人類面臨的共同問題，是哲學研究的根本對象。本體論、認識論、世界觀、人生觀、價值觀、實踐論、方法論等，仍是哲學的基本問題和生命力所在！哲學研究的是世界萬物的根本性、本質性問題。人們可以給哲學做出許多具體定義，但我們可以嘗試用「遮詮」的方式描述哲學的一些特點，從而使人們加深對何爲哲學的認識。

哲學不是玄虛之觀。哲學來自人類實踐，關乎人生。哲學對現實存在的一切追根究底、「打破砂鍋問到底」。它不僅是問「是什麽」（being），而且主要是追問「爲什麽」（why），特别是追問「爲什麽的爲什麽」。它關注整個宇宙，關注整個人類的命運，關注人生。它關心柴米油鹽醬醋茶和人的生命的關係，關心人工智能對人類社會的挑戰。哲學是對一切實踐經驗的理論升華，它關心具體現象背後的根據，關心人類如何會更好。

哲學是在根本層面上追問自然、社會和人本身，以徹底的態度反思已有的觀念和認識，從價值理想出發把握生活的目標和歷史的趨勢，展示了人類理性思維的高度，凝結了民族進步的智慧，寄託了人們熱愛光明、追求真善美的情懷。道不遠人，人能弘道。哲學是把握世界、洞悉未來的學問，是思想解放、自由的大門！

古希臘的哲學家們被稱爲「望天者」，亞里士多德在形而上學一书中説，「最初人們通過好奇—驚讚來做哲學」。如果説知識源於好奇的話，那麽産生哲學的好奇心，必須是大好奇心。這種「大好奇心」衹爲一件「大事因緣」而來，所謂大事，就是天地之間一切事物的「爲什麽」。哲學精神，是「家事、國事、天下事，事事要問」，是一種永遠追問的精神。

哲學不祇是思維。哲學將思維本身作爲自己的研究對象，對思想本身進行反思。哲學不是一般的知識體系，而是把知識概念作爲研究的對象，追問「什麽才是知識的真正來源和根據」。哲學的「非對象性」的思想方式，不是「純形式」的推論原則，而有其「非對象性」之對象。哲學之對象乃是不斷追求真理，是一個理論與實踐兼而有之的過程，是認識的精粹。哲學追求真理的過程本身就顯現了哲學的本質。天地之浩瀚，變化之奥妙，正是哲思的玄妙之處。

哲學不是宣示絶對性的教義教條，哲學反對一切形式的絶對。哲學解放束縛，意味著從一切思想教條中解放人類自身。哲學給了我們徹底反思過去的思想自由，給了我們深刻洞察未來的思想能力。哲學就是解放之學，是聖火和利劍。

哲學不是一般的知識。哲學追求「大智慧」。佛教講「轉識成智」，識與智相當於知識與哲學的關係。一般知識是依據於具體認識對象而來的、有所依有所待的「識」，而哲學則是超越於具體對象之上的「智」。

公元前六世紀，中國的老子說，「大方無隅，大器晚成，大音希聲，大象無形，道隱無名。夫唯道，善貸且成」。又說，「反者道之動，弱者道之用。天下萬物生於有，有生於無」。對道的追求就是對有之爲有、無形無名的探究，就是對天地何以如此的探究。這種追求，使得哲學具有了天地之大用，具有了超越有形有名之有限經驗的大智慧。這種大智慧、大用途，超越一切限制的籬笆，達到趨向無限的解放能力。

哲學不是經驗科學，但又與經驗有聯繫。哲學從其作爲學問誕生起，就包含於科學形態之中，是以科學形態出現的。哲學是以理性的方式、概念的方式、論证的方式來思考宇宙人生的根本問題。在亞里士多德那裏，凡是研究實體（ousia）的學問，都叫作「哲學」。而「第一實體」則是存在者中的「第一個」。研究第一實體的學問稱爲「神學」，也就是「形而上學」，這正是後世所謂「哲學」。一般意義上的科學正是從「哲學」最初的意義上贏得自己最原初的規定性的。哲學雖然不是經驗科學，却爲科學劃定了意義的範圍、指明了方向。哲學最後必定指向宇宙人生的根本問題，大科學家的工作在深層意義上總是具有哲學的意味，牛頓和愛因斯坦就是這樣的典範。

哲學不是自然科學，也不是文學藝術，但在自然科學的前頭，哲學的道路展現了；在文學藝術的山頂，哲學的天梯出現了。哲學不斷地激發人的探索和創造精神，使人在認識世界的過程中，不斷達到新境界，在改造世界中從必然王國到達自由王國。

哲學不斷從最根本的問題再次出發。哲學史在一定意義上就是不斷重構新的世界觀、認識人類自身的歷史。哲學的歷史呈現，正是對哲學的創造本性的最好説明。哲學史上每一位哲學家對根本問題的思考，都在爲哲學添加新思維、新向度，猶如爲天籟山上不斷增添一隻隻黄鸝翠鳥。

如果説哲學是哲學史的連續展現中所具有的統一性特徵，那麽這種「一」是在「多」個哲學的創造中實現的。如果説每一種哲學體系都追求一種體系性的「一」的話，那麽每種「一」的體系之間都存在着千絲相聯、多方組合的關係。這正是哲學史昭示於我們的哲學多樣性的意義。多樣性與統一性的依存關係，正是哲學尋求現象與本質、具體與普遍相統一的辯證之意義。

哲學的追求是人類精神的自然趨向，是精神自由的花朵。哲學是思想的自由，是自由的思想。

中國哲學，是中華民族五千年文明傳統中，最爲内在的、最爲深刻的、最爲持久的精神追求和價值觀表達。中國哲學已經化爲中國人的思維方式、生活態度、道德準則、人生追求、精神境界。中國人的科學技術、倫理道德，小家大國、中醫藥學、詩歌文學、繪畫書法、武術拳法、鄉規民俗，乃至日常生活也都浸潤着中國哲學的精神。華夏文化雖歷經磨難而能够透魄醒神，堅韌屹立，正是來自於中國哲學深邃的思維和創造力。

先秦時代，老子、孔子、莊子、孫子、韓非子等諸子之間的百家争鳴，就是哲學精神在中國的展現，是中國人思想解放的第一次大爆發。兩漢四百多年的思想和制度，是諸子百家思想在争鳴過程中大整合的結果。魏晋之際，玄學的發生，則是儒道冲破各自藩籬，彼此互動互補的結果，形成了儒家獨尊的態勢。隋唐三百年，佛教深入中國文化，又一次帶來了思想的大融合和大解放，禪宗的形成就是這一融合和解放的結果。兩宋三百多年，中國哲學迎來了第三次大解放。儒釋道三教之間的互潤互持日趨深入，朱熹的理學和陸象山的心學，就是這一思想潮流的哲學結晶。

與古希臘哲學强調沉思和理論建構不同，中國哲學的旨趣在於實踐人文關懷，它更關注實踐的義理性意義。中國哲學當中，知與行從未分離，中國哲學有着深厚的實踐觀點和生活觀點，倫理道德觀是中國人的貢獻。馬克思說，「全部社會生活在本質上是實踐的」，實踐的觀點、生活的觀點也正是馬克思主義認識論的基本觀點。這種哲學上的契合性，正是馬克思主義能够在中國扎根並不斷中國化的哲學原因。

「實事求是」是中國的一句古話。今天已成爲深邃的哲理，成爲中國人的思維方式和行爲基準。實事求是就是解放思想，解放思想就是實事求是。實事求是是毛澤東思想的精髓，是改革開放的基石。只有解放思想才能實事求是。實事求是就是中國人始終堅持的哲學思想。實事求是就是依靠自己，走自己的道路，反對一切絕對觀念。所謂中國化就是一切從中國實際出發，一切理論必須符合中國實際。

二　哲學的多樣性

實踐是人的存在形式，是哲學之母。實踐是思維的動力、源泉、價值、標準。人們認識世界、探索規律的根本目的是改造世界，完善自己。哲學問題的提出和回答，都離不開實踐。馬克思有句名言：「哲學家們只是用不同的方式解釋世界，而問題在於改變世界！」理論只有成爲人的精神智慧，才能成爲改變世界的力量。

哲學關心人類命運。時代的哲學，必定關心時代的命運。對時代命運的關心就是對人類實踐和命運的關心。人在實踐中産生的一切都具有現實性。哲學的實踐性必定帶來哲學的現實性。哲學的現實性就是强調人在不斷回答實踐中各種問題時應該具有的態度。

哲學作爲一門科學是現實的。哲學是一門回答並解釋現實的學問，哲學是人們聯繫實際、面對現實的思想。可以説哲學是現實的最本質的理論，也是本質的最現實的理論。哲學始終追問現實的發展和變化。哲學存在於實踐中，也必定在現實中發展。哲學的現實性要求我們直面實踐本身。

哲學不是簡單跟在實踐後面，成爲當下實踐的「奴僕」，而是以特有的深邃方式，關注着實踐的發展，提升人的實踐水平，爲社會實踐提供理論支撑。從直接的、急功近利的要求出發來理解和從事哲學，無異於向哲學提出它本身不可能完成的任務。哲學是深沉的反思，厚重的智慧，事物的抽象，理論的把握。哲學是人類把握世界最深邃的理論思維。

哲學是立足人的學問，是人用於理解世界、把握世界、改造世界的智慧之學。「民之所好，好之，民之所惠，惠之。」哲學的目的是爲了人。用哲學理解外在的世界，理解人本身，也是爲了用哲學改造世界、改造人。哲學研究無禁區，無終無界，與宇宙同在，與人類同在。

存在是多樣的，發展是多樣的，這是客觀世界的必然。宇宙萬物本身是多樣的存在，多樣的變化。歷史表明，每一民族的文化都有其獨特的價值。文化的多樣性是自然律，是動力，是生命力。各民族文化之間的相互借鑒，補充浸染，共同推動著人類社會的發展和繁榮，這是規律。對象的多樣性、複雜性，決定了哲學的多樣性；即使對同一事物，人們也會產生不同的哲學認識，形成不同的哲學派別。哲學觀點、思潮、流派及其表現形式上的區別，來自於哲學的時代性、地域性和民族性的差异。世界哲學是不同民族的哲學的薈萃，如中國哲學、西方哲學、阿拉伯哲學等。多樣性構成了世界，百花齊放形成了花園。不同的民族會有不同風格的哲學。恰恰是哲學的民族性，使不同的哲學都可以在世界舞臺上演繹出各種「戲劇」。即使有類似的哲學觀點，在實踐中的表達和運用也會各有特色。

人類的實踐是多方面的，具有多樣性、發展性，大體可以分爲：改造自然界的實踐，改造人類社會的實踐，完善人本身的實踐，提升人的精神世界的精神活動。人是實踐中的人，實踐是人的生命的第一屬性。實踐的社會性決定了哲學的社會性，哲學不是脱離社會現實生活的某種遐想，而是社會現實生活的觀念形態，是文明進步的重要標誌，是人的發展水平的重要維度。哲學的發展狀况，反映着一個社會人的理性成熟程度，反映著這個社會的文明程度。

哲學史實質上是自然史、社會史、人的發展史和人類思維史的總結和概括。自然界是多樣的，社會是多樣的，人類思維是多樣的。所謂哲學的多樣性，就是哲學基本觀念、理論學説、方法的異同，是哲學思維方式上的多姿多彩。哲學的多樣性是哲學的常態，是哲學進步、發展和繁榮的標誌。哲學是人的哲學，哲學是人對事物的自覺，是人對外界和自我認識的學問，也是人把握世界和自我的學問。哲學的多樣性，是哲學的常態和必然，是哲學發展和繁榮的内在動力。一般是普遍性，特色也是普遍性。從單一性到多樣性，從簡單性到複雜性，是哲學思維的一大變革。用一種哲學話語和方法否定另一種哲學話語和方法，這本身就不是哲學的態度。

多樣性並不否定共同性、統一性、普遍性。物質和精神，存在和意識，一切事物都是在運動、變化中的，是哲學的基本問題，也是我們的基本哲學觀點！

當今的世界如此紛繁複雜，哲學多樣性就是世界多樣性的反映。哲學是以觀念形態表現出的現實世界。哲學的多樣性，就是文明多樣性和人類歷史發展多樣性的表達。多樣性是宇宙之道。

哲學的實踐性、多樣性，還體現在哲學的時代性上。哲學總是特定時代精神的精華，是一定歷史條件下人的反思活動的理論形態。在不同的時代，哲學具有不同的内容和形式，哲學的多樣性，也是歷史時代多樣性的表達。哲學的多樣性也會讓我們能够更科學地理解不同歷史時代，更爲内在地理解歷史發展的道理。多樣性是歷史之道。

哲學之所以能發揮解放思想的作用，在於它始終關注實踐，關注現實的發展；在於它始終關注著科學技術的進步。哲學本身没有絶對空間，没有自在的世界，只能是客觀世界的映象，觀念形態。没有了現實性，哲學就遠離人，就離開了存在。哲學的實踐性，説到底是在説明哲學本質上是人的哲學，是人的思維，是爲了人的科學！哲學的實踐性、多樣性告訴我們，哲學必須百花齊放、百家争鳴。哲學的發展首先要解放自己，解放哲學，就是實現思維、觀念及範式的變革。人類發展也必須多塗並進，交流互鑒，共同繁榮。采百花之粉，才能釀天下之蜜。

三　哲學與當代中國

中國自古以來就有思辨的傳統，中國思想史上的百家争鳴就是哲學繁榮的史象。哲學是歷史發展的號角。中國思想文化的每一次大躍升，都是哲學解放的結果。中國古代賢哲的思想傳承至今，他們的智慧已浸入中國人的精神境界和生命情懷。

中國共產黨人歷來重視哲學，毛澤東在一九三八年，在抗日戰爭最困難的條件下，在延安研究哲學，創作了實踐論和矛盾論，推動了中國革命的思想解放，成爲中國人民的精神力量。

中華民族的偉大復興必將迎來中國哲學的新發展。當代中國必須有自己的哲學，當代中國的哲學必須要從根本上講清楚中國道路的哲學道理。中華民族的偉大復興必須要有哲學的思維，必須要有不斷深入的反思。發展的道路，就是哲思的道路，文化的自信，就是哲學思維的自信。哲學是引領者，可謂永恒的「北斗」，哲學是時代的「火焰」，是時代最精緻最深刻的「光芒」。從社會變革的意義上説，任何一次巨大的社會變革，總是以理論思維爲先導。理論的變革，總是以思想觀念的空前解放爲前提，而「吹響」人類思想解放第一聲「號角」的，往往就是代表時代精神精華的哲學。社會實踐對於哲學的需求可謂「迫不及待」，因爲哲學總是「吹響」這個新時代的「號角」。「吹響」中國改革開放之

「號角」的，正是「解放思想」「實踐是檢驗真理的唯一標準」「不改革死路一條」等哲學觀念。「吹響」新時代「號角」的是「中國夢」，「人民對美好生活的向往，就是我們奮鬥的目標」。發展是人類社會永恒的動力，變革是社會解放的永遠的課題，思想解放，解放思想是無盡的哲思。中國正走在理論和實踐的雙重探索之路上，搞探索没有哲學不成！

中國哲學的新發展，必須反映中國與世界最新的實踐成果，必須反映科學的最新成果，必須具有走向未來的思想力量。今天的中國人所面臨的歷史時代，是史無前例的。十三億人齊步邁向現代化，這是怎樣的一幅歷史畫卷！是何等壯麗、令人震撼！不僅中國歷史上亘古未有，在世界歷史上也從未有過。當今中國需要的哲學，是結合天道、地理、人德的哲學，是整合古今中西的哲學，只有這樣的哲學才是中華民族偉大復興的哲學。

當今中國需要的哲學，必須是適合中國的哲學。無論古今中外，再好的東西，也需要再吸收，再消化，必須要經過現代化和中國化，才能成爲今天中國自己的哲學。哲學是解放人的，哲學自身的發展也是一次思想解放，也是人的一个思維升華、羽化的過程。中國人的思想解放，總是隨著歷史不斷進行的。歷史有多長，思想解放的道路就有多長；發展進步是永恒的，思想解放也是永無止境的，思想解放就是哲學的解放。

習近平説，思想工作就是「引導人們更加全面客觀地認識當代中國、看待外部世界」。這就需要我們確立一種「知己知彼」的知識態度和理論立場，而哲學則是對文明價值核心最精練和最集中的深邃性表達，有助於我們認識中國、認識世界。立足中國、認識中國，需要我們審視我們走過的道路，立足中國、認識世界，需要我們觀察和借鑒世界歷史上的不同文化。中國「獨特的文化傳統」、中國「獨特的歷史命運」、中國「獨特的基本國情」，「決定了我們必然要走適合自己特點的發展道路」。一切現實的，存在的社會制度，其形態都是具體的，都是特色的，都必須是符合本國實際的。抽象的制度，普世的制度是不存在的。同時，我們要全面客觀地「看待外部世界」。研究古今中外的哲學，是中國認識世界、認識人類史，認識自己未來發展的必修課。今天中國的發展不僅要讀中國書，還要讀世界書。不僅要學習自然科學、社會科學的經典，更要學習哲學的經典。當前，中國正走在實現「中國夢」的「長征」路上，這也正是一條思想不斷解放的道路！要回答中國的問題，解釋中國的發展，首先需要哲學思維本身的解放。哲學的發展，就是哲學的解放，這是由哲學的實踐性、時代性所決定的。哲學無禁區、無疆界。哲學是關乎宇宙之精神，是關乎人類之思想。哲學將與宇宙、人類同在。

四　哲學典籍

中外哲學典籍大全的編纂，是要讓中國人能研究中外哲學經典，吸收人類精神思想的精華；是要提升我們的思維，讓中國人的思想更加理性、更加科學、更加智慧。

中國有盛世修典的傳統。中國古代有多部典籍類書（如「永樂大典」「四庫全書」等），在新時代編纂中外哲學典籍大全，是我們的歷史使命，是民族復興的重大思想工程。

只有學習和借鑒人類精神思想的成就，才能實現我們自己的發展，走向未來。中外哲學典籍大全的編纂，就是在思維層面上，在智慧境界中，繼承自己的精神文明，學習世界優秀文化。這是我們的必修課。

不同文化之間的交流、合作和友誼，必須達到哲學層面上的相互認同和借鑒。哲學之間的對話和傾聽，才是從心到心的交流。中外哲學典籍大全的編纂，就是在搭建心心相通的橋樑。

我們編纂這套哲學典籍大全，一是中國哲學，整理中國歷史上的思想典籍，濃縮中國思想史上的精華；二是外國哲學，主要是西方哲學，吸收外來，借鑒人類發展的優秀哲學成果；三是馬克思主義哲學，展示馬克思主義哲學中國化的成就；四是中國近現代以來的哲學成果，特別是馬克思主義在中國的發展。

編纂這部典籍大全，是哲學界早有的心願，也是哲學界的一份奉獻。中外哲學典籍大全總結的是書本上的思想，是先哲們的思維，是前人的足迹。我們希望把它們奉獻給後來人，使他們能够站在前人肩膀上，站在歷史岸邊看待自己。

中外哲學典籍大全的編纂，是以「知以藏往」的方式實現「神以知來」；中外哲學典籍大全的編纂，是通過對中外哲學歷史的「原始反終」，從人類共同面臨的根本大問題出發，在哲學生生不息的道路上，綵繪出人類文明進步的盛德大業！

發展的中國，既是一個政治、經濟大國，也是一個文化大國，也必將是一個哲學大國、思想王國。人類的精神文明成果是不分國界的，哲學的邊界是實踐，實踐的永恒性是哲學的永續綫性，打開胸懷擁抱人類文明成就，是一個民族和國家自强自立，始終佇立於人類文明潮頭的根本條件。

擁抱世界，擁抱未來，走向復興，構建中國人的世界觀、人生觀、價值觀、方法論，這是中國人的視野、情懷，也是中國哲學家的願望！

李鐵映

二〇一八年八月

「中國哲學典籍卷」

序

中國古無「哲學」之名，但如近代的王國維所説，「哲學爲中國固有之學」。「哲學」的譯名出自日本啓蒙學者西周，他在一八七四年出版的百一新論中説：「將論明天道人道，兼立教法的philosophy譯名爲哲學。」自「哲學」譯名的成立，「philosophy」或「哲學」就已有了東西方文化交融互鑒的性質。

「philosophy」在古希臘文化中的本義是「愛智」，而「哲學」的「哲」在中國古經書中的字義就是「智」或「大智」。孔子在臨終時慨嘆而歌：「泰山壞乎！梁柱摧乎！哲人萎乎！」（史記孔子世家）「哲人」在中國古經書中釋爲「賢智之人」，而在「哲學」譯名輸入中國後即可稱爲「哲學家」。

哲學是智慧之學，是關於宇宙和人生之根本問題的學問。對此，中西或中外哲學是共同的，因而哲學具有世界人類文化的普遍性。但是，正如世界各民族文化既有世界的普遍性，也有民族的特殊性，所以世界各民族哲學也具有不同的風格和特色。如果説「哲學」是個「共名」或「類稱」，那麼世界各民族哲學就是此類中不同的「特例」。這是哲學的普遍性與多樣性的統一。

在中國哲學中，關於宇宙的根本道理稱爲「天道」，關於人生的根本道理稱爲「人道」，中國哲學的一個貫穿始終的核心問題就是「究天人之際」。一般説來，天人關係問題是中外哲學普遍探索的問題，而中國哲學的「究天人之際」具有自身的特點。

亞里士多德曾説：「古今來人們開始哲學探索，都應起於對自然萬物的驚異……這類學術研究的開始，都在人生的必需品以及使人快樂安適的種種事物幾乎全都獲得了以後。」「這些知識最先出現於人們開始有閒暇的地方。」這是説的古希臘哲學的一個特點，是與當時古希臘的社會歷史發展階段及其貴族階層的生活方式相聯繫的。與此不同，中國哲學是産生於士人在社會大變動中的憂患意識，爲了求得社會的治理和人生的安頓，他們大多「席不暇暖」地周遊列國，宣傳自己的社會主張。這就决定了中國哲學在「究天人之際」

中首重「知人」，在先秦「百家争鳴」中的各主要流派都是「務爲治者也，直所從言之異路，有省不省耳」（史記太史公自序）。

中國哲學與其他民族哲學所不同者，還在於中國數千年文化一直生生不息而未嘗中斷，中國文化在世界歷史的「軸心時期」所實現的哲學突破也是采取了極温和的方式。這主要表現在孔子的「祖述堯舜，憲章文武」，删述六經，對中國上古的文化既有連續性的繼承，又經編纂和詮釋而有哲學思想的突破。因此，由孔子及其後學所編纂和詮釋的上古經書就以「先王之政典」的形式不僅保存下來，而且在此後中國文化的發展中居於統率的地位。

據近期出土的文獻資料，先秦儒家在戰國時期已有對「六經」的排列，「六經」作爲一個著作群受到儒家的高度重視。至漢武帝「罷黜百家，表章六經」，遂使「六經」以及儒家的經學確立了由國家意識形態認可的統率地位。漢書藝文志著録圖書，爲首的是「六藝略」，其次是「諸子略」「詩賦略」「兵書略」「數術略」和「方技略」，這就體現了以「六經」統率諸子學和其他學術。這種圖書分類經幾次調整，到了隋書經籍志乃正式形成「經、史、子、集」的四部分類，此後保持穩定而延續至清。

中國傳統文化有「四部」的圖書分類，也有對「義理之學」「考據之學」「辭章之學」和「經世之學」等的劃分，其中「義理之學」雖然近於「哲學」但並不等同。中國傳統文化沒有形成「哲學」以及近現代教育學科體制的分科，但是中國傳統文化確實固有其深邃的哲學思想，它表達了中華民族的世界觀、人生觀，體現了中華民族的思維方式、行爲準則，凝聚了中華民族最深沉、最持久的價值追求。

清代學者戴震說：「天人之道，經之大訓萃焉。」（原善卷上）經書和經學中講「天人之道」的「大訓」，就是中國傳統的哲學；不僅如此，在圖書分類的「子、史、集」中也有講「天人之道」的「大訓」，這些也是中國傳統的哲學。「究天人之際」的哲學主題是在中國文化上下幾千年的發展中，伴隨著歷史的進程而不斷深化、轉陳出新、持續探索的。

中國哲學首重「知人」，在天人關係中是以「知人」爲中心，以「安民」或「爲治」爲宗旨的。在記載中國上古文化的尚書皋陶謨中，就有了「知人則哲，能官人；安民則惠，黎民懷之」的表述。在論語中，「樊遲問仁，子曰：『愛人。』問知（智），子曰：『知人。』」（論語顏淵）「仁者愛人」是孔子思想中的最高道德範疇，其源頭可上溯到中國文化自上古以來就形成的崇尚道德的優秀傳統。孔子説：「未能事人，焉能事鬼？」「未知生，焉知死？」（論語先進）「務民之義，敬鬼神而遠之，可謂知矣。」（論語雍也）「智者知人」，在孔子的思想中雖然保留了對「天」和鬼神的敬畏，但他的主要關注點是現世的人生，是「仁者愛人」「天下有道」的價值取向，由此確立了中國哲學以「知人」爲中心的思想範式。西方現代哲學家雅斯貝爾斯在大哲學家一書中把蘇格拉底、佛陀、孔子和耶穌作爲「思想範式的創造者」，而孔子思想的特點就是「要在世間建立一種人道的秩序」，「在現世的可能性之中」，孔子「希望建立一個新世界」。

中國上古時期把「天」或「上帝」作爲最高的信仰對象，這種信仰也有其宗教的特殊性。如梁啓超所説：「各國之尊天者，常崇之於萬有之外，而中國則常納之於人事之中，此吾中華所特長也。……其尊天也，目的不在天國而在世界，受用不在未來（來世）而在現在（現世）。是故人倫亦稱天倫，人道亦稱天道。記曰：『善言天者必有驗於人。』此所以雖近於宗教，而與他國之宗教自殊科也。」由於中國上古文化所信仰的「天」不是存在於與人世生活相隔絕的「彼岸世界」，而是與地相聯繫（中庸所謂「郊社之禮，所以事上帝也」，朱熹中庸章句注：「郊，祀天；社，祭地。不言后土者，省文也。」），具有道德的、以民爲本的特點（尚書所謂「皇天無親，惟德是輔」，「天視自我民視，天聽自我民聽」，「民之所欲，天必從之」），所以這種特殊的宗教性也長期地影響著中國哲學對天人關係的認識。相傳「人更三聖，世經三古」的易經，其本爲卜筮之書，但經孔子「觀其德義而已」之後，則成爲講天人關係的哲理之書。四庫全书總目易類序說：「聖人覺世牖民，大抵因事以寓教……易則寓於卜筮。故易之爲書，推天道以明人事者也。」不僅易經是如此，而且以後中國哲學的普遍架構就是「推天道以明人事」。

春秋末期，與孔子同時而比他年長的老子，原創性地提出了「有物混成，先天地生」（老子二十五章），天地並非固有的，在天地產生之前有「道」存在，「道」是產生天地萬物的總根源和總根據。「道」內在於天地萬物之中就是「德」，「孔德之容，惟道是從」（老子二十一章），「道」與「德」是統一的。老子說：「道生之，德畜之，物形之，勢成之。是以萬物莫不尊道而貴德。道之尊，德之貴，夫莫之命而常自然。」（老子五十一章）老子的價值主張是「自然無爲」，而「自然無爲」的天道根據就是「道生之，德畜之……是以萬物莫不尊道而貴德」。老子所講的「德」實即相當於「性」，孔子所罕言的「性與天道」，在老子哲學中就是講「道」與「德」的形而上學。實際上，老子哲學確立了中國哲學「性與天道合一」的思想，而他從「道」與「德」推出「自然無爲」的價值主張，這就成爲以後中國哲學「推天道以明人事」普遍架構的一個典範。雅斯貝爾斯在大哲學家一書中把老子列入「原創性形而上學家」，他說：「從世界歷史來看，老子的偉大是同中國的精神結合在一起的。」他評價孔、老關係時說：「雖然兩位大師放眼於相反的方向，但他們實際上立足於同一基礎之上。兩者間的統一在中國的偉大人物身上則一再得到體現……」這裏所謂「中國的精神」「立足於同一基礎之上」，就是說孔子和老子的哲學都是爲了解決現實生活中的問題，都是「務爲治者也」。

在老子哲學之後，中庸說：「天命之謂性」，「思知人，不可以不知天」。孟子說：「盡其心者知其性也，知其性則知天矣。」（孟子盡心上）此後的中國哲學家雖然對天道和人性有不同的認識，但大抵都是講人性源於天道，知天是爲了知人。一直到宋明理學家講「天者理也」，「性即理也」，「性與天道合一存乎誠」。作爲宋明理學之開山著作的周敦頤太極圖説，是從「無極而太極」講起，至「形既生矣，神發知矣，五性感動而善惡分，萬事出矣」，這就是從天道講到人事，而其歸結爲「聖人定之以中正仁義而主静，立人極焉」，這就是從天道、人性推出人事應該如何，「立人極」就是要確立人事的價值準則。可以説，中國哲學的「推天道以明人事」最終指向的是人生的價值觀，這也就是要「爲天地立心，爲生民立命，爲往聖繼絶學，爲萬世開太平」。在作爲中國哲學主流的儒家哲學中，價值觀又是與道德修養的工夫論和道德境界相聯繫。因此，天人合一、真善合一、知行合一成爲中國哲學的主要特點。

中國哲學經歷了不同的歷史發展階段，從先秦時期的諸子百家争鳴，到漢代以後的儒家經學獨尊，而實際上是儒道互補，至魏晋玄學乃是儒道互補的一個結晶；在南北朝時期逐漸形成儒、釋、道三教鼎立，從印度傳來的佛教逐漸適應中國文化的生態環境，至隋唐時期完成中國化的過程而成爲中國文化的一個有機組成部分；宋明理學則是吸收了佛、道二教的思想因素，返而歸於「六經」，又創建了論語孟子大學中庸的「四書」體系，建構了以「理、氣、心、性」爲核心範疇的新儒學。因此，中國哲學不僅具有自身的特點，而且具有不同發展階段和不同學派思想内容的豐富性。

一八四〇年之後，中國面臨着「數千年未有之變局」，中國文化進入了近現代轉型的時期。在甲午戰敗之後的一八九五年，「哲學」的譯名出現在黄遵憲的日本國志和鄭觀應的盛世危言（十四卷本）中。此後，「哲學」以一個學科的形式，以哲學的「獨立之精神，自由之思想」推動了中華民族的思想解放和改革開放，中、外哲學會聚於中國，中、外哲學的交流互鑒使中國哲學的發展呈現出新的形態，馬克思主義哲學在與中國的歷史文化傳統、中國具體的革命和建設實踐相結合的過程中不斷中國化而産生新的理論成果。中華民族的偉大復興必將迎來中國哲學的新發展，在此之際，編纂中外哲學典籍大全，中國哲學典籍第一次與外國哲學典籍會聚於此大全中，這是中國盛世修典史上的一個首創，對於今後中國哲學的發展、對於中華民族的偉大復興具有重要的意義。

李存山

二〇一八年八月

「中國哲學典籍卷」

出版前言

社會的發展需要哲學智慧的指引。在中國浩如煙海的文獻中，哲學典籍占據著重要地位，指引著中華民族在歷史的浪潮中前行。這些凝練著古聖先賢智慧的哲學典籍，在新時代仍然熠熠生輝。

收入我社「中國哲學典籍卷」的書目，是最新整理成果的首次發布，按照内容和年代分爲以下幾類：先秦子書類、两漢魏晋隋唐哲學類、佛道教哲學類、宋元明清哲學類、近現代哲學類、經部（易類、書類、禮類、春秋類、孝經類）等，其中以經學類占多數。本次整理皆選取各書存世的善本爲底本，制訂校勘記撰寫的基本原則以確保校勘品質。全套書采用繁體竪排加專名綫的古籍版式，嚴守古籍整理出版規範，並請相關領域專家多次審稿，作者反復修訂完善，旨在匯集保存中國哲學典籍文獻，同時也爲古籍研究者和愛好者提供研習的文本。

文化自信是一個國家、一個民族發展中更基本、更深沉、更持久的力量。對中國哲學典籍進行整理出版，是文化創新的題中應有之義。中國社會科學出版社秉持「傳文明薪火，發時代先聲」的發展理念，歷來重視中華優秀傳統文化的研究和出版。「中國哲學典籍卷」樣稿已在二〇一八年世界哲學大會、二〇一九年北京國際書展等重要圖書會展亮相，贏得了與會學者的高度讚賞和期待。

點校者、審稿專家、編校人員等爲叢書的出版付出了大量的時間與精力，在此一並致謝。由於水準有限，書中難免有一些不當之處，敬請讀者批評指正。

趙劍英

二〇二〇年八月

本書點校説明

一、此次整理以摛藻堂四庫全書薈要本春秋尊王發微为底本。春秋尊王發微傳世本主要有通志堂經解和四庫全書兩個系統，兩本似均承魏安行南宋紹興辛未刻本而來。四庫全書本對「夷狄」問題删改較多，通志堂經解本則幾乎没有這一問題。摛藻堂四庫全書薈要本接近通志堂經解本，在「夷狄」問題上與通志堂經解本基本一致，只在少數地方略有不同。北京大學「儒藏」以通志堂經解本爲底本點校，本次整理則選擇「薈要」本。

二、本次整理參校文淵閣四庫全書本，并參考方韜點校的「儒藏」本。在「夷狄」問題上「薈要」本與其他兩本不同的地方以校注的形式標出。

三、原文中有避宋諱的地方，如「恒」作「常」，除在第一次出現時出校注標明，其他地方徑改。若有遇清代避諱而減筆等出現版本差異的，則不作説明。

四、涉及孫復引用經典的地方，從底本原文，少數地方以校注的形式標出引文與傳世本原文的差異。

五、爲展示古人對本書的認識，本次整理將四庫全書總目提要置于書前，「薈要」本提要一並保留。原書附録依舊以附録的形式保留。

由於水平有限，點校過程中存在各種問題，敬請方家指正。

趙金剛

二〇一八年五月

目録

四庫全書總目提要春秋尊王發微十二卷

宋孫復撰。復，字明復，平陽人。事迹詳宋史儒林傳。案李燾續通鑑長編曰：「中丞國子監直講孫復，治春秋不惑傳、注。其言簡易，得經之本義。既被疾，樞密使韓琦言於上，選書吏，給紙劄，命其門人祖無擇即復家録之。得書十五卷，藏秘閣。」然此書實十二卷。考中興書目，别有復春秋總論三卷，蓋合之共爲十五卷爾。今總論已佚，惟此書尚存。復之論，上祖陸淳，而下開胡安國，謂春秋有貶無褒，大抵以深刻爲主。晁公武讀書志載常秩之言曰：「明復爲春秋，猶商鞅之法，棄灰於道者有刑，步過六尺者有誅。」蓋篤論也。而宋代諸儒，喜爲苛議。顧相與推之，沿波不返，遂使孔庭筆削變爲羅織之經。夫知春秋者莫如孟子，不過曰「春秋成而亂臣賊子懼」耳。使二百四十二年中無人非亂臣賊子，則復之説當矣。如不盡亂臣賊子，則聖人亦必有所節取。亦何至由天王以及諸侯、大夫無一人一事不加誅絶者乎？過於深求而反失春秋之本旨者，實自復始。雖其間辨名分，别嫌疑，於興亡治亂之機亦時有所發明。統而核之，究所謂功不補患者也。以後來説春秋者，深文鍛煉之學大抵用此書爲根柢，故特録存之，以著履霜之漸，而具論其得失如右。程端學稱其尊王發微、總論二書外，又有三傳辨失解，朱彝尊經義考因之。然其書，史不著録，諸儒亦罕所稱引。考宋史藝文志及中興書目，均有王日休所撰春秋孫復解三傳辨失四卷，或即日休所撰之書，端學誤以爲復作歟？然則是駁復之書，非復所撰也。

欽定四庫全書薈要春秋尊王發微提要

春秋尊王發微十二卷，宋孫復撰。中興書目載復尚有總論三卷，今已佚，存者獨此書耳。復之說經，不依傳注，好爲獨闢之學，故當時毀譽相半。而常秩、葉夢得兩人，一則譏其如商鞅之法，失于過刻；一則譏其廢傳從經，又不盡達經例，每自牴牾。惟朱子謂其「雖未深于聖經，然推言治道，凜凜足畏，終得聖人意思」。故春秋家至今重焉。自唐以前記春秋者，皆本三傳，自啖助、趙匡、陸淳之流，始稍稍自出己意。韓愈稱盧仝「春秋三傳束高閣，獨抱遺經究終始」，則掃除舊解實始于仝。復之說經又踵仝而起者也。仝書今不傳。復之學遂開南宋諸儒之先，亦可謂毅然自立矣，其過于師心者分。

卷一

隱公，名息姑，惠公子，平王四十九年即位。隱，謚也，隱拂不成曰隱。

元年春，王正月。

孔子之作春秋也，以天下無王而作也，非爲隱公而作也。然則春秋之始於隱公者，非他，以平王之所終也。何者？昔者幽王遇禍，平王東遷，平既不王，周道絶矣。觀夫東遷之後，周室微弱、諸侯强大，朝覲之禮不修，貢賦之職不奉，號令之無所束，賞罰之無所加。壞法易紀者有之，變禮亂樂者有之，弑君戕父者有之，攘國竊號者有之。征伐四出，蕩然莫禁。天下之政、中國之事，皆諸侯分裂之。平王庸暗，歷孝逾惠，莫能中興，播蕩陵遲，逮隱而死。夫生猶有可待也，死則何所爲哉？故詩自黍離而降，書自文侯之命而絶，春秋自隱公而始也。詩自黍離而降者，天下無復有雅也；書自文侯之命而絶者，天下無復有誥命也；春秋自隱公而始者，天下無復有王也。夫欲治其末者，必先端其本；嚴其終者，必先正其始。元年，書王所以端本也；正月，所以正始也。其本既端、其始既正，然後以大中之法從而誅賞之，故曰「元年春王正月」也。隱公曷爲不書即位？正也。五等之制，雖曰繼世，而皆請于天子。隱公承惠天子命也，故不書即位，以見正焉。

三月，公及邾儀父盟于蔑。

盟者，亂世之事，故聖王在上，闃無聞焉。斯蓋周道陵遲、衆心離貳、忠信殆絶、譎詐交作，於是列國相與，始有歃血、要言之事爾。凡書盟者，皆惡之也。邾，附庸國。儀父，字。附庸之君，未得列於諸侯，故書字以别之。桓十七年，公會邾儀父盟于趡翠軌反，莊二十三年，蕭叔朝公，是也。春秋之法，惡甚者日，其次者時，非獨盟也。以類而求，二百四十二年，諸侯罪惡輕重之迹，焕然可得而見矣。蔑，魯地。

夏五月，鄭伯克段于鄢於晚反。

段，鄭伯弟。案：諸侯殺大夫，稱人稱國，殺世子、母弟，稱君，此鄭伯弟可知也。

克者，力勝之辭。段，鄭伯弟，以鄭伯之力始勝之者，見段驕悍難制，國人莫伉也。鄭伯養成段惡，至于用兵，此兄不兄、弟不弟也。鄭伯兄不兄，段弟不弟，故曰「鄭伯克段于鄢」，以交譏之。鄢，鄭地。

秋七月天王使宰咺吁阮反**來歸惠公仲子之賵**方鳳反。

天王使宰咺來歸惠公仲子之賵，非禮也。仲子，孝公妾、惠公母。惠公既君，仲子不稱夫人者，妾母不得稱夫人，故曰「惠公仲子」也。其曰「惠公仲子」者，非他，以別惠公之母爾。文九年，秦人來歸僖公成風之襚，皆此義也。仲，字；子，宋姓。車馬曰賵，衣衾曰襚，珠玉曰賻扶故反。宰咺，天子士。宰，官；咺，名，天子之士名。

九月，及宋人盟于宿。

及宋人盟，皆微者也。外微者稱人，内微者稱及，不可言魯人故也。

冬十有二月，祭側界反**伯來。**

祭伯，天子卿。不稱「使」者，非天子命也。非天子命則奔也。不言奔，非奔也。祭伯私來也。祭伯私來，故曰「祭伯來」以惡之。祭，國；伯，爵。

公子益師卒。

益師，孝公子，内大夫也。内大夫生死皆曰「公子」「公孫」與「氏」。不以大夫目之者，惡世禄也。古者諸侯之大夫，皆命于天子。周室既微，其制遂廢。故魯之臧氏、仲孫氏、叔孫氏、季孫氏，晉之狐氏、趙氏、荀氏、郤氏、欒氏、范氏，齊之高氏、國氏、崔氏，衛之甯氏、孫氏，皆世執其政，莫有命于天子者，此可謂世禄者矣。春秋詳内略外，故獨卒内大夫以疾之。

二年春，公會戎于潛。

公會戎于潛，聖王不作，諸戎亂華，肆居中國〔二〕，與諸侯伉。故公會戎于潛。諸侯非有天子之事，不得出會諸侯，况會戎哉？凡書會者，皆惡之也。潛，魯地。

夏五月，莒人入向舒亮反。

莒，小國也。入者，以兵入也。莒小國，以兵入向者，隱桓〔三〕之際，征伐用師，國無

〔二〕「肆居中國」，四库本作「明堂失位，要荒之人」。
〔三〕四庫本避宋諱，「桓」皆作「威」。

小大，皆專而行之，故莒人以兵入向。其稱「人」者，春秋小國、卿大夫皆略稱「人」，以其土地微陋、其禮不足故也。

無駭帥師入極。

無駭，公子展孫。不氏，未命也。極，附庸國。外莒人入向，内無駭帥師入極，天子不能誅此，周室陵遲可知也。

秋八月庚辰，公及戎盟于唐。

盟，不相信爾，故割牲、歃血以要之。邾儀父，中國也。公與中國盟猶曰不可，與戎盟于唐甚矣。唐，魯地。

九月，紀裂繻來逆女。

惡不親迎也。諸侯親迎，禮之大者。在易咸卦，兑上、艮下，艮少男，先下女，親迎之象也，故曰：「咸，感也。二氣感應，以相與。」又曰：「天地感而萬物化生，聖人感人心而天下和平。」是以文王親迎于渭，以啓周室詩人美之。紀侯不知親迎之大，故斥言「紀裂繻來逆女」以惡之也。裂繻，紀大夫，未命故不氏。

冬十月，伯姬歸于紀。

伯姬，紀裂繻所逆内女也。伯，字；姬，魯姓。婦人謂嫁曰歸。

紀子伯、莒子盟于密。

紀，本侯爵，此稱子伯，闕文也。左氏作「子帛」，杜預言「裂繻字」者，蓋附會其説爾，故不取焉。

十有二月乙卯，夫人子氏薨。

隱公夫人也。夫人薨志者，夫人小君，與君一體，故志之也。子，宋姓。不地者，夫人薨，有常處；不言葬者，五月而葬也。

鄭人伐衛。

孔子曰：「天下有道，則禮樂征伐自天子出。天下無道，則禮樂征伐自諸侯出。自諸侯出，蓋十世希不失矣。自大夫出，五世希不失矣。」夫禮樂征伐者，天下國家之大經也。天子尸之，非諸侯可得專也。諸侯專之猶曰不可，况大夫乎？吾觀隱、桓之際，諸侯無小大，皆專而行之；宣、成而下，大夫無内外，皆專而行之。其無王也甚矣！故孔子從而録之，正以王法，凡侵、伐、圍、入、取、滅，皆誅罪也。鄭人，微者。

三年春，王二月。

群公之年，正月書王者九十二，二月書王者二十，三月書王者一十七。春秋之法，唯元年不以有事無事皆書「王正月」。餘年，事在正月則書正月。「桓二年春，王正月，戊申，宋督弑其君與夷及其大夫孔父」，「十年春，王正月，庚申，曹伯終」，生卒之類是也。事在二月則書「二月」。此年「春，王二月，己巳，日有食之」「四年春，王二月，莒人伐杞」之類是也。事在三月則書三月。「七年春，王三月，叔姬歸于紀」「莊十二年春，王三月，紀叔姬歸于酅音攜」之類是也。一時無事，則書首月。「莊五年春，王正月」「十一年春，王正月」之類是也。

己巳，日有食之。

言日不言朔者，凡日食言日；言朔食，正朔也。言日不言朔，失其朔也；言朔不言日，失其日也；不言日、不言朔，日朔俱失也。桓三年秋七月壬辰朔日有食之，莊二十五年六月辛未朔日有食之，食正朔也。此年二月己巳日有食之，僖公十二年三月庚午日有食之，失其朔也。桓十七年冬十月朔日有食之，失其日也。莊十八年三月日有食之，僖十五年夏五月日有食之，日朔俱失也。此皆曆象錯亂，攝提無紀，周室不綱，太史廢厥職，或失之先，或失之後。夏書曰：「先時者，殺無赦；不及時者，殺無赦。」故春秋詳而録之，以正其罪。

三月庚戌，天王崩。

平王也。天子崩、諸侯卒皆志者，受終易代不可不見也。天子崩七月而葬，諸侯卒五月而葬，此禮之常也，故不書焉。凡書葬者，非常也。是故天王崩書葬者五：桓、襄、匡、簡、景是也。不書葬者四：平、惠、定、靈是也。不書崩、不書葬者三：莊、僖、頃是也。桓、襄、匡、簡、景書葬者，皆非常也；平、惠、定、靈不書葬者，皆得常也。莊、僖、頃不書崩、不書葬者，周室微弱，失不告也，失不告崩，故葬不可得而書也。然則襄王而葬書者，惡内也。案：文六年八月乙亥，晉侯驩卒，冬十月公子遂如晉，葬晉襄公；八年八月戊申，天王崩，九年二月叔孫得臣如京師，葬襄王，魯皆使卿會，是天子諸侯可得而齊也。故書襄王之葬以惡内。

夏四月辛卯，尹氏卒。

尹氏，天子卿。言氏者，起其世也。泰誓曰「罪人以族，官人以世」，夏商之亂政也。周既失道，其政亦然。案：節南山，家父刺幽王之詩也，稱尹氏太師、維周之氐，則尹氏世卿其來久矣，見于此者，因其來赴誅之也。

秋，武氏子來求賻。

武氏，世卿也。其言武氏子，父死未葬也。武氏子來求賻者，武氏子父死未葬，故來求賻。賻不可求，來求，非禮也。

八月庚辰，宋公和卒。

冬十有二月，齊侯、鄭伯盟于石門。

石門，齊地。

癸未，葬宋穆公。

夫赴、告、弔、會，史策之常也。貶惡誅亂，聖師之筆也。春秋書諸侯之卒、葬者，豈徒紀其歲時，從其赴、告、弔、會而已哉？蓋以周室陵遲、諸侯僭亂、變古易常、驕蹇不道，生死以聖王之法治之也。是故諸侯之卒，書葬者九十三，不書葬者四十一。凡書葬者，皆惡之也。禮，天子崩，稱天，命以謚之；諸侯薨，請謚于天子；大夫卒，受謚于其君。大行受大名，小行受小名，所以懲惡而勸善也。東遷之後，其禮遂廢。諸侯之葬也，不請謚于天子，皆自謚之。非獨不請謚于天子，皆自謚之，而又僭稱公焉。故孔子從而録之，正以王法。唯吴楚之君，僭極惡大，貶不書葬，此非例之常。宋，公爵，又五月而葬，書者，不請謚也。

四年春，王二月，莒人伐杞，取牟婁。

二月莒人伐杞，取牟婁，甚之也。莒人二年入向，天子不能誅，故此肆然伐杞取牟婁。牟婁，杞邑。

戊申，衛州吁弑其君完。

州吁不氏，未命也。易曰：「履霜堅冰，陰始凝也；馴致其道，至堅冰也。」又曰：「積善之家，必有餘慶；積不善之家，必有餘殃。」臣弑其君，子弑其父，非一朝一夕之故，其所由來者漸矣，由辨之不早辨也。斯聖人教人君御臣子、防微杜漸之深戒也。蓋以臣子之惡始于微而積于漸，久而不已，遂成于弒逆之禍，如履霜而至于堅冰也。若辨之不早，則鮮不及矣。故春秋之世，臣弒其君者有之，子弒其父者有之，弟弒其兄者有之，婦弒其夫者有之。是時紀綱既絶，蕩然莫禁。孔子懼萬世之下，亂臣賊子交軌乎天下也，故以聖王之法從而誅之。其誅之也，罪惡有三。大夫弒君，則稱名氏以誅之，謂大夫體國不能竭力盡能，輔其不逮，包藏禍心以肆其惡，故稱名氏以誅之。此年衛州吁弒其君完、莊八年齊無知弒其君諸兒、宣十年陳夏徵舒弒其君平國之類是也。微者弒君，則稱人以誅之。微者，謂非大夫，名氏不登于史策，故稱人以誅之。文十六年宋人弒其君杵臼、十八年齊人弒其君商人、襄三十一年莒人弒其君密州之類是也。衆弒君，則稱國以誅之。衆謂上下乖離、姦宄並作，肆禍者非一，言舉國之人可誅也，故稱國以誅之。文十八年莒弒其君庶其、成十八年晉弒其君州蒲、定十三年薛弒其君比之類是也。

夏，公及宋公遇于清。

遇者，不期也。不期而會，曰遇。詩稱「邂逅相遇，適我願兮」是也。諸侯守天子土，非享覲不得逾境。此言「公及宋公遇于清」者，惡其自恣出入無度。清，衛地。

宋公、陳侯、蔡人、衛人伐鄭。秋，翬帥師會宋公、陳侯、蔡人、衛人伐鄭。

夏，宋公、陳侯、蔡人、衛人伐鄭。秋，翬帥師會宋公、陳侯、蔡人、衛人伐鄭。內外連兵，肆然不顧，以疾于鄭，其惡可知也。蔡、衛稱人，稱人微者。翬不氏，未命也。

九月，衛人殺州吁于濮音卜。

稱人，以殺討賊亂也。其言于濮者，桓公被殺至此八月，惡衛臣子緩不討賊，俾州吁出入自恣也。濮，衛地。

冬十有二月，衛人立晉。

人者，衆辭。嗣子有常位，故不言立。言立，非正立也。州吁既死，衛國無君，故國人舉公子晉立之。諸侯受國于天子，非國人可得立也。故曰「衛人立晉」以誅其惡。

五年春，公觀魚于棠。

觀魚，非諸侯之事也。天子適諸侯，諸侯朝天子，無非事者，動必有爲也。故孟子曰：「天子適諸侯曰巡狩。巡狩者，巡所守也。諸侯朝于天子曰述職。述職者，述所職也。是故春省耕而補不足，秋省斂而助不給。」隱公怠棄國政，春觀魚于棠，可謂非事者矣。棠，魯地。

夏四月，葬衛桓公。

十四月葬。

秋，衛師入郕。

九月，考仲子之宫。

考，成也。仲子，惠公母，隱公祖母。元年，天王使宰咺來歸惠公仲子之賵，故隱公考仲子之宫祭之。元年天王使宰咺來歸惠公仲子之賵，非禮也。隱公以是考仲子之宫祭之，此又甚矣。夫宗廟有常，故公夫人之廟皆不書焉。此年考仲子之宫，成六年立武宫，定元年立煬宫，皆譏其變常也。

初獻六羽。

初，始也；羽舞者，所執大雉之羽也。其言初獻六羽者，魯僭用天子禮樂，舞則八佾。孔子不敢斥也，故因此減用六羽，以見其僭天子之惡。且經言考仲子之宫、初獻六羽，則群公皆用八佾可知也。唯稱羽者，婦人之宫不用干舞。

邾人、鄭人伐宋。

邾序鄭上者，邾主乎伐宋也。

螟。

螟，蟲灾也。食苗心曰螟，食葉曰蟘特，食節曰賊，食根曰蟊。

冬十有二月辛巳，公子彄苦侯反**卒。**

公子彄，臧僖伯也，孝公子。

宋人伐鄭，圍長葛。

九月邾人、鄭人伐宋，故宋人伐鄭圍長葛。長葛，鄭地。

六年春，鄭人來輸平。

其言來輸平者，鄭人來輸誠于我，平四年翬會諸侯伐鄭之怨也。平者，釋憾之辭。

夏五月辛酉，公會齊侯，盟于艾。

艾，魯地。

秋七月。

春秋編年必具四時，故雖無事，皆書首月，不遺時也。

冬，宋人取長葛。

長葛，鄭邑，天子所封，非宋人可得取也。宋人前年伐鄭圍長葛，此而取之，故言伐、言圍、言取，悉其惡以誅之也。

七年春，王三月，叔姬歸于紀。

叔姬，伯姬之媵，至是乃歸，待年父母國也。媵書者，爲莊十二年歸于酅音攜起。

滕侯卒。

不日、不名者，滕入春秋爲小，國之君卒或日不日、或名不名者，以其微弱，其禮不足，略之也。

夏，城中丘。

城邑、宫室，高下大小皆有王制，不可妄作，是故城一邑、新一廐、作一門、築一囿，時與不時皆詳而録之。此年夏城中丘，桓五年夏城祝丘，莊二十九年冬十有二月城諸及防，文十二年冬十有二月季孫行父帥師城諸及鄆，定十四年秋城莒父及霄，僖二十年春新作南門，定二年冬十月新作雉門及兩觀之類是也。時謂周之十二月，夏之十月，非此不時也。然得其時者，其惡小；非其時者，其惡大。此聖人愛民力，重興作，懲僭忒之深旨也。中丘，魯邑。

齊侯使其弟年來聘。

列國相聘，非禮也。斯皆東遷之後，諸侯横恣，連衡自固，以相比周，乃有玉帛交聘之事爾。是故大國聘而不朝，小國朝而不聘。小國力弱可致，大國地廣兵衆不可得而屈也。故但使大夫來聘，結歡通問而已。凡書者皆惡之也。

秋，公伐邾。

冬，天王使凡伯來聘。

天王使凡伯來聘，非天子之事也。桓王不能興衰振治、統制四海，以復文武之業，反同列國之君，使凡伯來聘，此桓王之爲天子可知也。凡伯，天子卿；凡國，伯爵。

戎伐凡伯于楚丘以歸。

凡伯寓衛，戎伐凡伯以歸。言伐，用兵也。楚丘，衛地。地以楚丘者，責衛不能救難；録以歸者，惡凡伯不死位。

八年春，宋公、衛侯遇于垂。

垂，衛地。

三月，鄭伯使宛來歸祊必彭反**，庚寅，我入祊。**

祊，鄭邑，天子所封，非魯土地，故曰來歸。定「十年，齊人來歸鄆音運、讙、龜陰田」，皆此義也。先言歸而後言入者，鄭不可歸，魯不可入也。鄭人歸之，魯人受之，其罪一也。入者，受之之辭。宛不氏，未命也。

夏六月己亥，蔡侯考父卒。辛亥，宿男卒。

秋七月庚午，宋公、齊侯、衛侯盟于瓦屋。

此言「庚午，宋公、齊侯、衛侯盟于瓦屋」者，甚之也。諸侯日熾，紛紛籍籍，相與爲群，歃血要言，自是卒不可制也。瓦屋，周地。

八月，葬蔡宣公。

三月而葬。

九月辛卯，公及莒人盟于浮來。

公與莒人盟，非莒人之罪也。凡公與外大夫盟，内斥言公，外大夫稱人，惡在公也。此年公及莒人盟于浮來，成二年公及楚人、秦人、宋人、陳人、衛人、鄭人、齊人、曹人、邾人、薛人、鄫人盟于蜀是也。内不言公，外書大夫名氏，惡在大夫也。莊十有二年及齊高傒盟于防，文二年及晉處父盟是也。浮來，莒地。

螟。

冬十有二月，無駭卒。

不氏，未命也。九年挾卒同此。

九年春，天王使南季來聘。

南季，天子大夫。南，氏；季，字。

三月癸酉，大雨震電。庚辰，大雨于付反**雪。**

周之三月，夏之正月也。未當大雨震電，既大雨震電，又不當大雨雪。甚哉！八日之間天變，若此也。

挾卒。

夏，城郎。

郎，魯地。

秋七月。冬，公會齊侯于防。

防，魯地。

十年春王二月，公會齊侯、鄭伯于中丘。

此言「二月，公會齊侯、鄭伯于中丘」者，公末年出入無度，不顧憂患于內，數會諸侯于外也。十一年，時來之會同此。

夏，翬帥師會齊人、鄭人伐宋。六月壬戌，公敗宋師于菅古顔反。**辛未，取郜**告。**辛巳，取防。**

夏，翬帥師會齊人、鄭人伐宋，六月壬戌公敗宋師于菅，辛未取郜，辛巳取防，甚矣！公與翬，傾衆悉力共疾于宋，又浹日而取二邑，故君臣並録以疾之。菅，宋地。

秋，宋人、衛人入鄭。宋人、蔡人、衛人伐戴。鄭伯伐取之。

宋人、蔡人、衛人伐戴，戴，小國也。三國之師既退，鄭伯見利忘義，乘戴之弊，伐而取之，其惡可知也。

冬十月壬午，齊人、鄭人入郕。

郕，小國。

十有一年春，滕侯、薛侯來朝。

諸侯朝天子，禮也；諸侯朝諸侯，非禮也。斯皆周室不競，干戈日尋，以大陵小，小國不得已而爲之爾。是故齊、晉、宋、衛未嘗朝魯，而滕、薛、邾、杞來朝，奔走而不暇也。齊、晉、宋、衛未嘗來朝魯者，齊、晉盛也，宋、衛敵也。滕、薛、邾、杞來朝，奔走而不暇者，土地狹陋、兵衆寡弱，不能與魯伉也。春秋之法，諸侯非有天子之事，不得踰境，凡書朝者，皆惡之也。

夏五月，公會鄭伯于時來。

時來，鄭地。

秋七月壬午，公及齊侯、鄭伯入許。

案：前年二月公會齊侯、鄭伯于中丘，夏翬帥師會齊人、鄭人伐宋，六月壬戌公敗宋師于菅，辛未取郜，辛巳取防，此年五月公會鄭伯于時來，秋七月壬午公及齊侯、鄭伯入許，甚矣！公一年之中與齊侯、鄭伯連兵自恣以爲不道，其惡若此也。

冬十有一月壬辰，公薨。

公薨不地，弑也。孰弑之？桓公弑也。曷爲不言桓公弑？内諱弑也。故弑君之賊皆不書焉。不言葬者，以侯禮而葬也。隱雖見弑，其臣子請謚于周，以侯禮而葬，故不書焉。

卷二

桓公，名允，惠公子，隱公弟，桓王九年即位。桓，謚也，闢土服遠曰桓。

元年春，王正月，公即位。

即位，常事書者，桓弑隱自立，非天子命也。

三月，公會鄭伯于垂。

垂，衛地。

鄭伯以璧假許田。

許田者，許男之田也，天子所封，不可假也。鄭與許接壤，故鄭伯以璧假其田。二國擅假天子之田，自恣若此，然猶愈乎用兵而取也。故曰「鄭伯以璧假許田」。

夏四月丁未，公及鄭伯盟于越。

越，衛地。

秋，大水。

水不潤下也。昔者聖王在上，五事修而彝倫敘，則休徵應之，故曰肅時雨若，乂時暘若，哲時燠若，謀時寒若，聖時風若。聖王不作，五事廢而彝倫攸斁，則咎徵應之，故曰狂恒雨若，僭恒〔二〕暘若，豫恒燠若，急恒寒若，蒙恒風若。春秋之世多災異者，聖王不作故也。然自隱迄哀，聖王不作者久矣，天下之災異多矣，悉書之則不可勝其所書矣。是故孔子惟日食與内災則詳而書之，外災則或舉其一，或舉于齊、鄭、宋、衛，則天下之異從可見矣。

冬十月。

二年春，王正月戊申，宋督弒其君與夷及其大夫孔父。

此言宋督弒其君與夷及其大夫孔父者，甚之之辭也。督肆禍心，既弒其君與夷，又殺其大夫孔父，可謂甚矣。故曰「宋督弒其君與夷及其大夫孔父」以誅之。孔父，字者，天

〔二〕四庫本避宋諱，改「恒」爲「常」。

子命大夫也。古者諸侯之大夫，皆命于天子，故春秋列國時或有之。宋孔父、鄭祭仲、魯單伯、陳女叔之類是也。

滕子來朝。

滕，稱子者，案：杞公爵也，滕、薛皆侯也。入春秋，杞或稱侯、或稱伯、或稱子，皆降也；滕或稱侯、或稱子，稱侯正也，稱子降也；薛或稱侯、或稱伯，稱侯正也，稱伯降也。此蓋聖王不作，諸侯自恣，朝會不常。彼三國者，力既不足，禮多不備，或以侯禮而朝，或以伯子而會。故孔子從而録之，以見其亂也。滕子朝弑逆之人，其惡可知。

三月，公會齊侯、陳侯、鄭伯于稷，以成宋亂。

弑君之賊，諸侯皆得討之。宣十一年，楚人殺陳夏徵舒是也。此言公會齊侯、陳侯、鄭伯于稷以成宋亂者，惡不討賊也。公會齊侯、陳侯、鄭伯于稷，本爲宋討賊。既而不討者，督弑殤公，桓弑隱，亦懼諸侯之討己，故翻然與督比周，同惡相濟以成宋亂，受賂而返也。

夏四月，取郜大鼎于宋。戊申，納于大廟。

其言「夏四月取郜大鼎于宋，戊申納于大廟者」甚之也。桓，弒逆之人，受督弒逆之賂以事于周公之廟，可謂甚矣。

秋七月，杞侯來朝。

滕子不月者，與督弒同月。

蔡侯、鄭伯會于鄧。九月入杞。

七月杞侯來朝，九月魯人入杞，皆非禮也。不出主名，微者。

公及戎盟于唐。

冬，公至自唐。

至者，春秋亂世，諸侯出入無度，危之也。案：公行一百七十六，皆不以王事，舉其或往返踰時、釁深惡重者則書其「至」，以危之；餘則否焉，是故書「至」者八十二也。

三年春正月。

群公之年，書月則書王，明此正朔天王所頒也。此不王而月者，桓弒隱自立，天子不能誅，若曰此正朔非天王所頒，桓之所出也。不于元年、二年見其罪者，元年方端本正始，二年宋督弑其君與夷，非桓之事。故此年從其出會齊侯，以正其罪。

公會齊侯于嬴。

嬴，齊地。

夏，齊侯、衛侯胥命于蒲。

齊侯、衛侯相命于蒲，非正也。雖無歃血要盟之事，古者諸侯非王事不踰境。蒲，衛地。

六月，公會杞侯于郕。

魯前年入杞，公今會杞侯于郕，自恣若此。

秋七月壬辰，朔，日有食之，既。

言日、言朔食，正朔也。既，盡也。日有食之，陰侵陽，臣侵君之象也。凡日食，人君皆當戒懼側身，修德以消其咎。故夏書曰：「乃季秋月朔，辰弗集于房，瞽奏鼓、嗇夫馳、庶人走。」小雅曰：「十月之交，朔日辛卯，日有食之，亦孔之醜。」是也。

公子翬如齊逆女，九月齊侯送姜氏于讙，公會齊侯于讙。

公子翬氏者，桓公命也。孔子曰：「關雎，樂而不淫，哀而不傷。」孔子之言，豈徒然哉？蓋傷周道陵遲，婚姻失道，無賢女輔佐君子致關雎后妃之德，以化天下也。是時文姜亂魯，驪姬惑晉，南子傾衛，夏姬喪陳，上下化之，滔滔皆是，不可悉舉也。故自隱而下，夫人、内女出處之迹，皆詳而録之，以懲以戒，爲萬世法。噫！夫夫婦婦，風教之始，人倫之本也，可不重乎？是故昏禮之重，莫重乎親迎。詩稱大姒之家在洽之陽，在渭之涘，文王親迎于渭。則諸侯親迎，其所來也遠矣。此言公子翬如齊逆女，齊侯送姜氏于讙，公會齊侯于讙，皆非禮也。諸侯親迎不使卿，父母送女不踰境。公既使公子翬逆女，齊侯送姜氏來也，又自往會，非禮可知也。

夫人姜氏至自齊。

此齊侯送姜氏，公受之于讙也。公受姜氏于讙，不以讙至者，不與公受姜氏于讙也。故曰「夫人姜氏至自齊」以正其義。

冬，齊侯使其弟年來聘。有年。

桓立十八年，唯此言「有年」者，是未嘗有年也。書者著桓公爲國不能勤民務農，若是也。

四年春，正月，公狩于郎。

狩，冬田也。天子、諸侯四時必田者，蓋安不忘危、治不忘亂，講武經而教民戰也，豈徒肆盤遊、逐禽獸而已哉？然禽獸多，則五穀傷，不可不捕也。故因田以捕之，上以供宗廟之鮮，下以除稼穡之害。故田必以時，殺必由禮。田不以時，謂之荒；殺不由禮，謂之暴。唯荒也妨于農，唯暴也殄于物。此聖人之深戒也。常事書者，周之正月，夏之十一月也。四時之田用孟月，正月公狩于郎，不時也。

夏，天王使宰渠伯糾來聘。

宰渠伯糾，周大夫，渠，氏；伯糾，字也。桓公弑逆之人，桓王不能誅，反使宰渠伯糾來聘，此桓王之爲天子可知也。下無二時，脱之，七年同此。

五年春，正月甲戌。己丑，陳侯鮑卒。

此言「甲戌。己丑陳侯鮑卒」，闕文也。蓋甲戌之下有脱事爾，且諸侯未有以二日卒者也。

夏，齊侯、鄭伯如紀。天王使仍叔之子來聘。

仍叔，周大夫，仍，國。叔，字也。其曰「仍叔之子」來聘者，父在使子之辭也。

葬陳桓公。城祝丘。

祝丘，魯地。

秋，蔡人、衛人、陳人從王伐鄭。

桓王以蔡人、衛人、陳人伐鄭，鄭伯叛王也。其言蔡人、衛人、陳人從王伐鄭者，不使天子首兵也。案：十四年宋人以齊人、蔡人、衛人、陳人伐鄭，僖二十六年公以楚師伐齊，定四年蔡侯以吴子及楚人戰于柏舉，皆曰「以」，此不使天子首兵可知也。桓王親伐下國，惡之大者，曷爲不使首兵？天子無敵，非鄭伯可得伉也。故曰「蔡人、衛人、陳人從王伐鄭」以尊之。尊桓王，所以甚鄭伯之惡也。夫鄭同姓諸侯，密邇畿甸，桓王親以三國之衆伐之，拒而不服，此鄭伯之罪不容誅矣。人者，衆辭。

大雩。

雩，求雨之祭。建巳之月，常祀也。故經無六月雩者。建午、建申之月，非常則書。

謂之大者，雩于上帝也。天子雩于上帝，諸侯雩于山川、百神。魯，諸侯也，雩于山川、百神，禮也，雩于上帝，非禮也。噫！是時周室既微，王綱既絶，禮樂崩壞，天下蕩蕩，諸侯之僭者多矣。舉于魯，則諸侯僭之從可見矣。然春秋魯史，孔子不敢斥也。其或災異非常、改作不時者，則從而録之，以著其僭天子之惡。隱五年九月考仲子之宫初獻六羽，此年秋大雩，六年八月壬午大閲，閔二年夏五月乙酉吉禘于莊公，僖三十一年夏四月四卜郊不從乃免牲，宣三年春王正月郊牛之口傷改卜牛，牛死乃不郊定，二年夏五月壬辰雉門及兩觀災之類是也。嗚呼！其旨微矣。

螽音終。

螽，災也。

冬，州公如曹。

六年春，正月，寔來。

闕文也。三傳咸謂「寔來，州公」者，以上承五年冬州公如曹，下無異事言之爾。然極考其説，義皆未安，竊謂「州公如曹」「寔來」其間文有脱漏也。

夏四月，公會紀侯于郕。

秋八月壬午，大閱。

八月，不時也；大閱，非禮也。大閱，仲冬簡車馬，八月不時可知也。大閱、大蒐謂天子田。

蔡人殺陳佗。

稱人，以殺討賊亂也。先儒言陳侯鮑卒，佗殺太子自立，故蔡人誘而殺之，然經無所見也。

九月丁卯，子同生。

同，世嫡，桓公子。其曰「子同生」者，無父辭也。桓弒逆之人，罪當誅絶，故以無父之辭書之，所以甚桓公之惡也。

冬，紀侯來朝。

七年春，二月己亥，焚咸丘。

焚者，火之也。咸丘，附庸。以人攻之猶曰不可，火之則又甚矣。

夏，穀伯綏來朝，鄧侯吾離來朝。

春秋之法，諸侯不生名。生名，惡之大者也。此年穀伯綏來朝，鄧侯吾離來朝，十五年鄭伯突出奔蔡，莊十年荆敗蔡師于莘，以蔡侯獻舞歸，僖十九年宋人執滕子嬰，僖〔一〕二十五年衛侯燬滅邢，昭十一年楚子虔誘蔡侯般殺之于申，是也。桓大逆之人，諸侯皆得殺之。穀伯綏、鄧侯吾離不能致討，反交臂而來朝，故生而名之也。

八年春，正月己卯，烝。

烝，冬祭也。春興之，非禮也。祭祀從夏時，周之正月，夏之十一月也。四時之祭，用孟月。

天王使家父來聘。

家父，天子大夫。家，氏；父，字。

夏五月丁丑，烝。

「夏五月丁丑，烝」，瀆亂之甚也。

〔一〕「僖」，原爲「齊」，有誤，徑改。

秋，伐邾。

不出主名，微者。

冬十月，雨于付反**雪。祭**側界反**公來，遂逆王后于紀。**

天子不親迎，取后則使三公逆之。祭公，三公。書者，爲遂事起也。其言「祭公來」者，祭公來謀逆后之期也。桓王取后于紀，魯受命主之，故祭公來謀逆后之期。其曰「遂逆王后于紀」者，祭公來謀逆后之期，既謀之則當復命于天子，命之逆則逆之，不可專也。祭公不復命于王，專逆王后于紀，故曰「遂」以惡之。不言逆女者，王后重矣，非諸侯夫人可得齊也，故不言逆女也。

九年春，紀季姜歸于京師。

此前年祭公所逆王后也。姜，紀姓；季，字。案：襄十五年劉夏逆王后于齊，不言齊姜歸于京師，此言季姜歸于京師者，不與祭公遂逆王后于紀也。王后，天下母。取之、逆之皆天子命，非人臣可得專也。「祭公遂逆王后于紀」，非天子命，故不曰王后歸于京師，而曰「紀季姜歸于京師」也。

夏四月。秋七月。冬曹伯使其世子射音亦，又音夜**姑來朝。**

諸侯相朝，猶曰不可，况使世子乎？曹伯疾，使其世子射姑來朝，非禮也。

十年春，王正月。

此年書「王」者，王無十年不書也。十年無王，則人道滅矣。

庚申，曹伯終生卒。夏五月葬曹桓公。秋，公會衛侯于桃丘，弗遇。

「秋，公會衛侯于桃丘，弗遇」，衛侯不來，安之也。桃丘，衛地。

冬十有二月丙午，齊侯、衛侯、鄭伯來戰于郎。

「來戰于郎」，不言侵伐者，不與齊衛鄭加兵于我也。郎，魯地。地以魯，則魯與戰可知矣。不出主名者，三國無故加兵于我，不道之甚。故以三國自戰爲文也。

十有一年春，正月，齊人、衛人、鄭人盟于惡曹。

謀魯也。惡曹，地名。闕。

夏五月癸未，鄭伯寤生卒。秋七月，葬鄭莊公。

三月而葬。

九月，宋人執鄭祭側界反**仲，突歸于鄭，鄭忽出奔衛。**

宋人，宋公也。宋公執人權臣，廢嫡立庶以亂于鄭，故奪其爵。祭仲，字者，天子命大夫也。突，忽庶弟。突不正，歸于鄭無惡文者，惡在祭仲，爲鄭大臣不能死難，聽宋偪脅，逐忽立突，惡之大者。況是時，忽位既定，以鄭之衆，宋雖無道，亦未能畢制命于鄭。仲能竭其忠，力以距于宋，則忽安有見逐失國之事哉？故揚之水閔忽之無忠臣良士，終以死亡者，謂此也。嗣子，既葬稱子。鄭莊既葬，忽不稱子者，惡忽不能嗣先君，未踰年失國也，故參譏之。

柔會宋公、陳侯、蔡叔，盟于折之設切。

柔，不氏，内大夫之未命者。蔡叔，蔡侯弟也。案：諸侯母弟未命爲大夫者，皆字。此年柔會宋公、陳侯、蔡叔，盟于折，十五年許叔入于許，十七年蔡季自陳歸于蔡，莊三年紀季以酅入于齊之類是也。折，魯地。

公會宋公于夫音扶**鍾。冬十有二月，公會宋公于闞**口暫切。

夫鍾，郕地；闞，魯地。

十有二年春，正月。夏六月壬寅，公會杞侯、莒子，盟于曲池。秋七月丁亥，公會宋公、燕人，盟于穀丘。八月壬辰，陳侯躍卒。公會宋公于虚音墟**。冬十有一月，公會宋公于龜。**

曲池，魯地。穀丘、虚、龜，宋地。

丙戌，公會郑伯，盟于武父。丙戌，衛侯晉卒。

再言「丙戌」者，羨文也。此盟與卒同日爾，且經未有一日而再書者，此羨文可知。

十有二月，及鄭師伐宋。丁未，戰于宋。

此公及鄭伯伐宋也，不言公者，諱之也。初，宋人執鄭祭仲逐昭公，立公子突以親于鄭。突既而背宋與魯，故宋鄭交怨。公七月會宋公、燕人，盟于穀丘，八月會宋公于虚音墟，十有一月又會宋公于龜，將平宋、鄭。宋公不可，乃與鄭伯盟于武父以伐宋。「丁未戰于宋」，地以宋，則宋與戰可知也。不出主名者，不與公及鄭伯伐宋也。故以魯、鄭自戰爲文。凡公專戶其事，則諱之。此年及鄭師伐宋，丁未戰于宋，十七年及齊師戰于奚，莊九年及齊師戰于乾時之類是也。

十有三年春，二月，公會紀侯、鄭伯。己巳，及齊侯、宋公、衛侯、燕人戰，齊師、宋師、衛師、燕師敗績。

齊以郎之戰未得志于魯，因宋鄭之仇，故帥衛、燕與宋伐魯。魯親紀而比鄭也，故會紀侯、鄭伯，及齊師、衛師、宋師、燕師戰，以敗四國之師。不地者，戰于魯也。衛宣未葬，惠公出戰，其惡可知。燕戰稱師，重衆也。書者，惡七國無名之衆，殘民以逞，不道之甚。郎戰在十年。

三月，葬衛宣公。夏，大水。秋七月。冬十月。

十有四年春，正月，公會鄭伯于曹。無冰。

無冰，時燠也。五行傳曰：「視之不明，是謂不哲，厥咎舒厥，罰常燠。」

夏五。

孔子作春秋，專其筆削，損之、益之以成大中之法，豈其日月舊史之有闕者，不隨而刊正之哉？此云「夏五」，無月者，後人傳之脱漏爾。

鄭伯使其弟語來盟。

來盟者，求盟于我也。

秋八月壬申，御廩災。乙亥，嘗。

嘗，秋祭也。周之八月，夏之六月也。其言「八月壬申御廩災，乙亥嘗」者，以不時與災之餘而嘗也。以不時與災之餘而嘗，此桓之不恭也甚矣。

冬十有二月丁巳，齊侯祿父卒。宋人以齊人、蔡人、衛人、陳人伐鄭。

案：十二年及鄭師伐宋，丁未戰于宋，宋人怨突之背己也。故以齊人、蔡人、衛人、陳人伐鄭。「以」者，乞師而用之也。謂四國本不出師，宋以力弱不足，乞四國之師而伐鄭爾。僖二十六年公以楚師伐齊取穀，定四年蔡侯以吳子及楚人戰于柏舉，皆此義也。然四國從宋伐鄭，助其不道，其惡亦可見矣。

十有五年春，二月，天王使家父來求車。

「天王使家父來求車」者，諸侯貢賦不入，周室材用不足也。

三月乙未，天王崩。

桓王也。

夏四月己巳，葬齊僖公。五月，鄭伯突出奔蔡。

突，厲公也，簒忽立，國人不與，故出奔蔡。凡諸侯不能嗣守先業，以墮、厥、緒、荒、怠、淫、虐結怨于民，上下乖離，播越失地，自取奔亡之禍者，皆生而名之。此年鄭伯突出奔蔡，昭二十一年蔡侯朱出奔楚，二十三年莒子庚輿來奔，哀十年邾子益來奔之類是也。

鄭世子忽復歸于鄭。

鄉曰「鄭忽出奔衛」，今曰「鄭世子忽復歸于鄭」者，明忽世嫡，當嗣也。凡諸侯大夫出奔與執其反國也，或書「歸」，或書「復歸」，或書「入」，或書「復入」。歸者，善也；復歸，不善也；入者，惡也；復入者，甚惡也。是故「復入」重于「入」，「入」重于「復歸」，不若「歸之」之善也。書「歸」善者，桓十七年蔡季自陳歸于蔡，成十五年宋華户駕反元自晉歸于宋之類是也。「復歸」不善者，此言「鄭世子忽復歸于鄭」，僖二十八年衛元咺自晉復歸于衛是也。「入」惡者，莊六年衛侯朔入于衛，襄三十年鄭良霄自許入鄭之類是也。「復入」甚惡者，成十八年宋魚石復入于宋彭城，襄二十三年晉欒盈復入于晉之類是也。忽，世嫡當嗣。其言不善者，諸侯受國于天子，鄭世子忽其奔也，祭仲逐之，其歸也，祭仲反之。以其進退在祭仲而不在天子也。

許叔入于許。

許叔，許男弟。入者，惡入也。許叔入于許，不言出者，非大夫也。非大夫，故略之。凡不言出者，皆此義也。

公會齊侯于艾。邾人、牟人、葛人來朝。

皆微國之君。案：隱元年公及邾儀父盟于蔑，莊二十三年蕭叔朝公，皆字，此稱人者，賤其相與朝弒逆之人，貶之也。

秋九月，鄭伯突入于櫟音歷。

鄭世子忽復歸于鄭，故鄭伯突入于櫟，以偪之。櫟，鄭邑。

冬十有一月，公會宋公、衛侯、陳侯于袲昌始反**，伐鄭。**

將納突，在櫟，故公會宋公、衛侯、陳侯于袲伐鄭。袲，鄭地。

十有六年春正月，公會宋公、蔡侯、衛侯于曹。

未見納突，故復會于此。

夏四月，公會宋公、衛侯、陳侯、蔡侯伐鄭。

公與宋、衛、陳、蔡之君比音被謀連兵伐鄭納突，其惡可知也。

秋七月，公至自伐鄭。

助篡伐正，踰時而返。

冬，城向舒亮反。

不時也。下言十一月，則城向在十月矣，周之十月，夏之八月也。

十有一月，衛侯朔出奔齊。

衛侯不道，國人逐之，出奔。

十有七年春，正月丙辰，公會齊侯、紀侯，盟于黃。二月丙午，公會邾儀父盟于趡翠軌切。

黃，齊地。趡，魯地。

夏五月丙午，及齊師戰于奚。

此公及齊師戰也。不言公者，諱之。莊九年及齊師戰于乾時，僖二十有二年及邾人戰于升陘刑皆此義也。奚，魯地。

六月丁丑，蔡侯封人卒。秋八月，蔡季自陳歸于蔡。

蔡桓侯無子。季，桓侯弟也。其言自陳歸于蔡者，桓侯卒，蔡季當立。時多篡奪，明季無惡，故曰「歸于蔡」，所以與許叔異也。

癸巳，葬蔡桓侯。

蔡，侯爵。書者，不請謚也。

及宋人、衛人伐邾。冬十月朔，日有食之。

不言日，失之也。

十有八年春，王正月。

桓無王，元年、二年、十年、十八年書王者，春秋之法，王無十年不書也，十年無王，則人道絕矣，是故二百四十二年，王無十年不書者也。

公會齊侯于濼盧篤、力角二反**，公與夫人姜氏遂如齊。**

濼之會，夫人在是也。不言公及夫人會齊侯于濼者，夫人之行甚矣，不可言及也。不可言及者，公弗能制也。後言「公與夫人姜氏遂如齊」者，啓其致禍之由爾。易稱「女正位乎內，男正位乎外，男女正天地之大義也」。桓公不能內正夫人之位，而與之外如彊齊，以取弒逆之禍，宜哉！

夏四月丙子，公薨于齊。

齊侯與夫人姜氏通，使人賊公。公薨于齊，不言弒者，諱之也。

丁酉，公之喪至自齊。秋七月。冬十有二月己丑，葬我君桓公。

九月而葬。桓，謚也。其曰「葬我君桓公」者，此臣子自謚，以公禮而葬也。

卷三

莊公，名同，桓公子。莊王四年即位。莊，謚也。勝敵克亂曰莊。

元年春，王正月。

不書即位者，莊繼桓，天子命也。閔、僖亦如之。

三月，夫人孫于齊。

夫人，文姜。不言「姜氏」，貶之也。其言「孫于齊」者，諱奔也。內諱奔，公夫人皆曰「孫」。此年夫人孫于齊，閔二年夫人姜氏孫于邾，昭二十五年公孫于齊是也。文姜曷爲孫于齊？文姜與桓公接練時，懼其與祭，以是孫于齊也。文姜之惡甚矣，臣子雖不可討，王法其可不誅乎？故孔子去「姜氏」以貶之，正王法也。

夏，單伯逆王姬。

天子嫁女於齊，魯受命主之，故使單伯逆王姬。不言如京師者，不與公使單伯如京師逆王姬也。魯桓見殺于齊，天子命莊公與齊主婚，非禮也。莊公以親讎可辭，而莊公不辭，非子也。故交譏之。單，采地；伯，字，天子命大夫。

秋，築王姬之館于外。

魯主王姬者，非一也，王姬之館故有常處。此言「築王姬之館于外」者，知齊讎不可接婚姻也。知齊讎不可接婚姻，故築王姬之館于外。與其築之于外，不若辭而勿主也。夏單伯逆王姬，秋築王姬之館于外，此公之惡從可見矣。

冬十月乙亥，陳侯林卒。王使榮叔來錫桓公命。

賞所以勸善也，罰所以懲惡也。善不賞，惡不罰，天下所以亂也。桓弒逆之人，莊王生不能討、死又追錫之，此莊王之爲天子可知也。不書天者脱之。榮叔，周大夫。榮，氏；叔，字。

王姬歸于齊。齊師遷紀郱蒲丁反**、鄑**子斯反**、郚**吾**。**

齊欲滅紀，故遷其三邑。

二年春，王二月，葬陳莊公。夏，公子慶父帥師伐於餘丘。

於餘丘，附庸國。

秋七月，齊王姬卒。

外女不卒，此卒之者，公主其卒也。莊公忘父之讎，既主其嫁，又主其卒，不子之甚也。

冬十有二月，夫人姜氏會齊侯于禚酌。

夫人姜氏會齊侯于禚，非禮也。禚，齊地。

乙酉，宋公馮卒。

三年春，王正月，溺乃狄反**會齊師伐衛。**

溺，内大夫之未命者。衛侯朔在齊，故溺會師伐衛。溺會齊師伐衛，謀納朔也。

夏四月，葬宋莊公。五月，葬桓王。

禮，天子七月而葬，桓王十五年崩，至此乃葬，甚矣。

秋，紀季以酅攜**入于齊。**

紀季，紀侯弟也；酅，紀侯邑也。酅，天子所封，非紀季可得有。齊欲併紀，紀季忘兄之親，取兄之邑以事于齊，其惡可知也。字者非他，諸侯之母弟未命者皆字爾。蔡叔、蔡季之類是也。

冬，公次于滑。

欲救紀也。滑，鄭地。

四年春，王二月，夫人姜氏享齊侯于祝丘。

享，當時兩君相見之禮，非夫人所宜用也。其曰「夫人姜氏享齊侯于祝丘」，甚之也。祝丘，魯地。

三月，紀伯姬卒。

紀伯姬，隱二年紀裂繻所逆内女也。禮，諸侯絶傍期，姑姊妹女子嫁于國君者，尊與己同，則爲之服大功九月，常事也，故内女不卒之。此卒者，爲下紀侯大去其國、六月齊侯葬紀伯姬起。

夏，齊侯、陳侯、鄭伯遇于垂。紀侯大去其國。

「大去其國」者，身與家俱亡之辭也。案：元年齊師遷紀郱、鄑、郚，二年紀季以酅入于齊，齊肆吞噬信不道矣。紀侯守天子土，有社稷之重、人民之衆，暗懦齷齪、不能死難，畏齊强，脅棄之而去，此其可哉？身去而國家盡爲齊有，故曰「紀侯大去其國」以惡之也。不言齊滅者，齊師未嘗加其都城矣。不言出奔者，非奔也。奔者，猶有其國家在焉爾。若紀侯者，身與國家俱亡者也。不名者，以見齊襄脅逐而去。

六月乙丑，齊侯葬紀伯姬。

伯姬，内女，紀侯夫人也。紀侯大去其國，紀無臣子，故齊侯葬紀伯姬。齊侯不道，逐紀侯而葬伯姬，生者逐之、死者葬之，甚矣！齊侯之詐也若此。

秋七月。冬，公及齊人狩于禚。

父之讎不共戴天，莊公父親爲齊殺，而遠與齊人狩。

五年春，王正月。夏，夫人姜氏如齊師。

文姜不安于魯，故如齊師。直曰「如齊師」，不爲會禮也。

秋，郳五兮切。國後爲小邾**黎來來朝。**

郳，附庸也。附庸之君，例書字。二十三年蕭叔朝公是也。此名者，以其土地微陋、其禮不足賤之也。

冬，公會齊人、宋人、陳人、蔡人伐衛。

此諸侯伐衛，納朔也。不言納朔者，不與諸侯伐衛納朔也。朔行惡甚，國人逐之，奔齊，故天子不使反衛，明年王人子突救衛是也。公與諸侯連兵，不顧王命，伐衛納朔，故貶諸侯曰某人某人。人諸侯，則公之惡從可見矣。朔奔齊在桓十六年。

六年春，王正月，王人子突救衛。

王人，微者也；稱子，尊王命也；尊王命，所以重諸侯之惡也。

夏六月，衛侯朔入于衛。

「六月，衛侯朔入于衛」，王人子突不勝諸侯之師也。諸侯連兵伐衛，王人子突救之不勝諸侯之師，故衛侯朔得入于衛。天子之威命盡矣，公與諸侯之罪不容誅矣。故言伐、言救、言入，以著其惡。

秋，公至自伐衛。螟。

拒天子伐衛。

冬，齊人來歸衛俘。

此衛寶也。其言齊人歸之者，齊本主兵伐衛，故衛寶先入于齊。齊人歸之，魯人受之，其惡一也。

七年春，夫人姜氏會齊侯于防。

防，魯地。

夏四月辛卯，夜，恒星不見。夜中，星隕如雨。

恒星，星之常見者也。常見而不見，此異之大者。隕，墜也。「夜中，星隕如雨」，謂隕墜者衆也。

秋，大水。無麥苗。

水不潤下，麥與禾黍之苗同時而死，故曰「無麥苗」，非謂一災不書，傷及二穀乃書也。案：傷一穀亦書，定元年冬十月隕霜殺菽是也。此聖人指其所災而實録爾。

冬，夫人姜氏會齊侯于穀。

桓公既薨，夫人姜氏與齊侯會者數矣。三年會于禚，四年饗于祝丘，五年如齊師，此年春會于防，冬會于穀。夫人與齊侯之行可知也。穀，齊地。

八年春，王正月，師次于郎，以俟陳人、蔡人。甲午，治兵。

先言「師次于郎，以俟陳人、蔡人」，後言「甲午，治兵」者，惡內不知戰也。陳、蔡將入伐，魯出師于郎待之可也。以敵之未至而始訓治之，此其可哉？夫民，先教而戰，古之道也。故孔子曰：「不教民戰，是謂棄之。」鄉使陳、蔡暴至而疾戰，則民無所措手足矣。

夏，師及齊師圍郕成，**郕降于齊師。秋，師還。**

夏，及齊師圍郕，其言郕降于齊師者，齊主兵圍郕、制命在齊也，故曰「郕降于齊師」。春秋用師多矣，未有言師還。此言師還者，惡其與強讎覆同姓，踰時還也。

冬十有一月癸未，齊無知弒其君諸兒。

無知不氏，未命也。諸兒，襄公。

九年春，齊人殺無知。

案：隱四年衛人殺州吁于濮，此不地者，齊人即于國内殺之也。稱人以殺，討賊辭。

公及齊大夫盟于蔇其器切。

公及齊大夫盟，納糾也。不名齊大夫者，公忘讎不復，而與齊大夫謀納糾，非齊大夫之罪也。故斥言公而不名齊大夫。文七年公會諸侯、晉大夫盟于扈，晉大夫不名，皆此義也。蔇，齊地。

夏，公伐齊納子糾，齊小白入于齊。

「夏，公伐齊納子糾」，其言「齊小白入齊」者，小白争立也。無知之亂，管仲、召忽以公子糾來奔，鮑叔牙以公子小白奔莒。小白自莒先入，故曰「夏，公伐齊納子糾，齊小白入于齊」也。言入者，皆非世嫡。

秋七月丁酉，葬齊襄公。

九月而葬。

八月庚申，及齊師戰于乾音干**時，我師敗績。**

此公及齊師戰于乾時也，不言公者，公伐齊納讎人之子，喪師于此，此惡之大者，諱之也。内不言敗，此言我師敗績者，羡文，蓋後人傳授妄有所增爾。

九月，齊人取子糾殺之。

論語稱：「桓公殺公子糾，召忽死之，管仲不死。」此言「齊人取子糾殺之」者，子糾，桓公兄，其次當立。桓公争國，取而殺之，甚矣。故曰「齊人取子糾殺之」，所以重桓公之篡也。

冬，浚洙音殊。

洙，水也；浚，深也。「冬浚洙」，畏齊也。

十年春，王正月，公敗齊師于長勺音杓。

報乾時之戰也，斥言公者，惡其伐齊納糾、喪師乾時，不自悔過，復敗齊師于此也。長勺，魯地。

二月，公侵宋。

公既敗齊師于長勺，又退而侵宋，結怨二國。

三月，宋人遷宿。

宿，微國，天子封之。宋人遷之，其惡可知。

夏六月齊師、宋師次于郎，公敗宋師于乘丘。秋九月荆敗蔡師于莘，以蔡侯獻舞歸。

荆爲中國患也久矣。自方叔薄伐之，後入春秋，肆禍復甚。聖王不作故也。此言「荆敗蔡師于莘，以蔡侯獻舞歸」者，荆敗蔡師于莘，獲蔡侯獻舞歸爾。不言獲者，不與夷狄〔一〕獲中國也，故曰「以蔡侯獻舞歸」。名者，惡遂失國。莘，蔡地。

冬十月，齊師滅譚。譚子奔莒。

譚，小國。齊師滅之，故譚子奔莒。不名者，譚本無惡也。言奔，責不死社稷；不言出國，滅，無所出也。

十有一年春，王正月。夏五月戊寅，公敗宋師于鄑子斯反。

此言「五月戊寅，公敗宋師于鄑」者，甚之也。公二年之中三敗齊、宋之師，可謂甚矣。鄑，魯地。

秋，宋大水。

〔一〕四庫本改「夷狄」爲「蠻荆」。凡四庫本涉及夷夏問題改文之處，均出校。

水不潤下也。春秋之世，災異多矣，不可悉書。故外災或舉其一，或舉其二，以見天下之異也。此年秋宋大水，二十年秋齊大災，僖十六年隕石于宋五六鷁五力反退飛過宋都，昭十八年宋、衛、陳、鄭災之類是也。

冬，王姬歸于齊。

群公受命主王姬者多矣，唯元年與此書者，惡公忘父之讎，再與齊接婚姻也。

十有二年春，王三月，紀叔姬歸于酅音攜。

紀叔姬，伯姬之媵也。酅，紀季之邑也。四年，紀侯大去其國，叔姬至此而歸于酅者，歸于季也。歸者，嫁辭。以伯姬之媵而歸于季，非其所歸也，亂也。

夏四月。秋八月甲午，宋萬弑其君捷及其大夫仇牧。

萬不氏，未命也。及其大夫仇牧，甚之之辭也。與桓二年宋督義同。

冬十月，宋萬出奔陳。

弑君之賊，當急討之。萬八月弑莊公，十月出奔陳，宋之臣子緩不討賊若此。

十有三年春，齊侯、宋人、陳人、蔡人、邾人會于北杏。

北杏之會，桓公獨書爵者，孔子傷周道之絶也。桓公既入，乘天子衰季，將霸諸侯、攘夷狄、救中國以尊周室，乃合宋人、陳人、蔡人、邾人于此，首圖大舉。夫欲責之深者，必先待之重。故北杏之會，獨書其爵以與之。北杏，齊地。

夏六月，齊人滅遂。

此桓公滅遂也。其稱人者，以其救中國之功未見，滅人小國，貪自封殖，貶之也。何哉？桓公貪土地之廣、恃甲兵之衆，驅逐逼脅以强制諸侯，懼其未盡從也。約之以會、要之以盟、臨之以威、束之以力，有弗狥者，小則侵之、伐之，甚則執之、滅之。其實，假尊周之名以自封殖爾。故此年滅遂，十四年伐宋，十五年伐郳，十六年伐鄭，十九年伐我西鄙，二十年伐戎，二十六年伐徐，二十八年伐衛，三十年降鄣，閔元年救邢，二年遷陽皆稱人，以切責之。遂，小國。

秋七月。冬，公會齊侯盟于柯。

冬，公會齊侯盟于柯，公不及北杏之會。桓既滅遂，懼其見討也，故盟于此。柯，齊地。

十有四年春，齊人、陳人、曹人伐宋。

諸侯伐宋，宋人背北杏之會也。

夏，單音善**伯會伐宋。**

此公使單伯會伐宋也。桓以諸侯伐宋，本不期會。魯自畏齊桓，故夏使單伯會伐宋。三國稱人，獨書單伯者，吾大夫不可言「魯人」故也。

秋七月，荊入蔡。

荊入蔡，齊桓未能救中國也。

冬，單伯會齊侯、宋公、衛侯、鄭伯于鄄音眷**。**

此桓既服宋，會單伯、宋公、陳侯、衛侯、鄭伯于鄄也。經以單伯主會爲文者，凡會盟，公或大夫往，則皆以魯主會爲文，春秋魯史故也。內不與則曰某人某人會于某。十五年齊侯、宋公、陳侯、衛侯、鄭伯會于鄄，昭二十七年晉士鞅、宋樂祁黎、衛北宮喜、曹人、邾人、滕人會于扈之類是也。鄄，衛地。

十有五年春，齊侯、宋公、陳侯、衛侯、鄭伯會于鄄。夏，夫人姜氏如齊。

齊侯既死，文姜不安于魯，故如齊。

秋，宋人、齊人、邾人伐郳。

宋主兵，故序齊上。郳，宋附庸，叛故伐之。

鄭人侵宋。冬十月。

十有六年春，王正月。夏，宋人、齊人、衛人伐鄭。

鄭背鄄之會，侵宋。故齊桓帥諸侯伐之。齊序宋下者，與伐郳義同。

秋，荆伐鄭。

荆伐鄭，桓未能救中國可知也。

冬十有二月，會齊侯、宋公、陳侯、衛侯、鄭伯、許男、滑伯、滕子，同盟于幽。

會，公會也。同者，同畏桓也。桓非命伯，伐鄭之後，兵威既振，于是諸侯乃相與畏服焉。不言公者，諱之也。然桓會多矣，不可皆不見公，故于此一諱之也。

邾子克卒。

邾稱爵者，始得王命列爲諸侯也。

十有七年春，齊人執鄭詹。

稱人以執，惡桓也。詹不氏，未命也。桓十二月與鄭伯同盟于幽，而春執鄭詹，安用同盟？不稱行人者，會未歸而見執也。不言以歸者，秋鄭詹自齊逃來，以歸可知也。

夏，齊人殲于遂。

齊人殲于遂，不戒也。齊侯滅人之國，使人戍之而不戒焉，此自殲之道也。噫！齊人殲于遂，自殲也；鄭棄其師，自棄也。

秋，鄭詹自齊逃來。

鄭詹自齊逃來，未得歸于鄭也。言逃來，懼齊之甚。

冬，多麋忙悲反。

麋，山澤皆有。言多者，以多爲異爾。

十有八年春，王三月，日有食之。

不言朔、不言日，日、朔俱失之也。

夏，公追戎于濟西。

案：僖二十六年齊人侵我西鄙，公追齊師至于酅，弗及，先言侵而後言追。此不言侵伐者，明不覺其來，已去而追之也。書者，譏内無戎備。

秋，有蜚又作蜮，音或，短狐也。

蜚，含沙射人爲災。

冬十月。

十有九年春，王正月。夏四月。秋，公子結媵陳人之婦于鄄，遂及齊侯、宋公盟。

媵書者，爲遂事起也。公子結受命媵陳人之婦，不受命與齊侯、宋公盟。結矯命專盟，故曰「遂」以惡之。非謂大夫出境，有可以安社稷利國家，專之可也。案：僖三十年公子遂如京師，遂如晉；襄二年仲孫蔑會晉荀罃、齊崔杼、宋華元、衛孫林父、曹人、邾人、滕人、薛人、小邾人于戚，遂城虎牢，孔子皆譏之，何獨與公子結也？若以書至鄄爲出境，乃得專之，則公子遂自京師如晉、仲孫蔑會晉荀罃自戚城虎牢，豈非出境也哉？况秋與齊侯、宋公盟，而冬，齊人、宋人、陳人加兵于魯，非所謂可以安社稷、利國家也。陳稱人者，媵不當書，故略言之也。

夫人姜氏如莒。冬，齊人、宋人、陳人伐我西鄙。

桓帥宋、陳伐我西鄙，討鄭詹也。

二十年春，王二月，夫人姜氏如莒。

文姜行惡，比年如莒。

夏，齊大災。

災，火災也。言大者，其災甚也。

秋七月。冬，齊人伐戎。

二十有一年春，王正月。夏五月辛酉，鄭伯突卒。秋七月戊戌，夫人姜氏薨。冬十有二月，葬鄭厲公。

八月而葬。

二十有二年春，王正月，肆大眚所景反。

肆，放也；眚，過也。「肆大眚」者，罪惡無不赦之辭也。書稱「眚災肆赦」，易曰「赦過宥罪」，此天子之事也。天子尚爾，况諸侯乎？莊公肆大眚，非正也，亂法易常者也。

癸丑，葬我小君文姜。陳人殺其公子御寇。

春秋之義，非天子不得專殺。此言「陳人殺其公子御寇」者，譏專殺也。是故二百四十二年，無天王殺大夫文，書諸侯殺大夫者四十七也。何哉？古者諸侯之大夫，皆命于天子，諸侯不得專命也。大夫有罪，則請于天子，諸侯不得專殺也。大夫猶不得專殺，況世子母弟乎？春秋之世，國無大小，其卿大夫士皆專命之，有罪無罪皆專殺之，其無王也甚矣！故孔子從而録之，以誅其惡。觀其專殺之罪雖一，而重輕之惡有三：殺世子母弟，則稱君，稱君者，甚之也；殺大夫不以其罪，則稱國，稱國者，次之也；殺有罪則稱人，稱人者，又次之也。殺世子母弟稱君者，僖五年晉侯殺其世子申生、襄二十六年宋公殺其世子痤才禾反、三十年天王殺其弟佞夫之類是也；殺大夫不以其罪稱國者，僖七年鄭殺其大夫申侯、文六年晉殺其大夫陽處父、宣九年陳殺其大夫洩冶之類是也；殺有罪稱人者，此年陳人殺其公子御寇、文九年晉人殺其大夫士穀户木反、昭八年陳人殺其大夫公子過之類是也。

夏五月。

春秋未有以五月首時者，此言「夏五月」者，蓋五月之下有脱事爾。

秋七月丙申，及齊高傒盟于防。

此公盟也。不言公者，高傒伉也。高傒敵公而盟，伉孰甚焉！

冬，公如齊納幣。

母喪未終，其惡可知也。

二十有三年春，公至自齊。祭側界反**叔來聘。**

祭叔來聘，非天子命也，故不言使。其曰「來聘」，惡外交也。祭叔，周大夫。祭，采地；叔，字。

夏，公如齊觀社。

諸侯非享覲不踰境。公如齊觀社，非禮也。

公至自齊。荆人來聘。

荆十年敗蔡師于莘，始見于經。十四年入蔡、十六年伐鄭皆曰「荆」，此稱「人」者，以其能慕中國、修禮來聘，少進之也。

公及齊侯遇于穀，蕭叔朝公。

諸侯相朝，非禮也。朝于內猶曰不可，況朝于外乎？故曰「公及齊侯遇于穀，蕭叔朝公」以交譏之。蕭，附庸國；叔，字。

秋，丹桓宮楹。冬，十有一月曹伯射音亦，又音夜**姑卒。十有二月甲寅，公會齊侯，盟于扈。**

公會齊侯盟于扈，謀逆姜氏也。公二年之中納幣、觀社、及齊侯遇于穀，比犯非禮，今又會盟于扈，甚矣！扈，齊地。

二十有四年春，王三月，刻桓宮桷。

公將納夫人，故飾宮廟以誇侈之。秋丹桓宮楹、春刻桓宮桷，皆非禮也。案：成三年二月甲子，新宮災者，親廟切近，不忍稱其謚。此斥言「丹桓宮楹」「刻桓宮桷」者，惡莊不子，忘父之怨，侈宗廟以夸讎女也。

葬曹莊公。夏，公如齊逆女。

常事書者，以見公婚之不時也。案：「桓六年九月丁卯，子同生」，公十四年即位，此年如齊逆女，公即位二十四年，年三十七歲矣。公即位二十四年，年三十七歲始得成婚于齊者，文姜制之，不得以時而婚爾。故其母喪未終，如齊納幣，圖婚之速也。

秋，公至自齊；八月丁丑，夫人姜氏入。

公親迎于齊，不俟夫人而至，失夫之道也。婦人從夫者也，夫人不從公而入，失婦之道也。夫不夫、婦不婦，何以爲國？非所以奉先公而紹後嗣也，不亂何待？故曰「秋，公至自齊；八月丁丑，夫人姜氏入」以惡之。

戊寅，大夫宗婦覿，用幣。

大夫宗婦者，同宗大夫之婦也。覿，見也。夫人姜氏既入，莊公欲夸寵之，故使同宗大夫之婦用幣以見，非謂大夫宗婦同贄而見也，故不言及。夫三帛二生一死，男子之贄也。婦人榛、栗、棗、脩，告虔而已，公使大夫宗婦覿，用幣，甚矣！

大水。冬，戎侵曹，曹羈出奔陳。赤歸于曹。郭公。

杜預謂「羈，曹世子；赤，曹僖公」者，以「桓十一年宋人執鄭祭仲、突歸于鄭，鄭忽出奔衛」，其文相類爾。案：史記曹世家及年表「僖公名夷」，至如公羊、穀梁言「赤，郭公名」者〔二〕，理亦不安。竊謂去聖既遠，後人傳授，文有脱漏爾，故其義難了。

二十有五年春，陳侯使女汝**叔來聘。**

女叔不名，天子之命大夫也。女，氏；叔，字。

夏五月癸丑，衛侯朔卒。六月辛未，朔，日有食之，鼓、用牲于社。

案：日食三十六，書「鼓、用牲」者三：此年「六月辛未，朔，日有食之，鼓、用牲于社」，「三十年九月庚午，朔，日有食之，鼓、用牲于社」，「文十五年六月辛丑，朔，日有食之，鼓、用牲于社」是也。鼓，常事書者，止譏其用牲耳。

伯姬歸于杞。

隱二年，書紀裂繻來逆女，此不言逆者，天下日亂，婚禮日壞，逆者非大夫也。逆者非大夫，故不言逆。僖二十五年季姬歸于鄫、成九年伯姬歸于宋之類是也。

秋，大水，鼓、用牲于社、于門。

〔二〕公羊、穀梁以「赤归于曹郭公」连文为句，言郭公名赤，失国而归于曹。

鼓、用牲于社、于門，非禮也。

冬，公子友如陳。

如陳者，聘也。内朝聘皆曰如。

二十有六年春，公伐戎。夏，公至自伐戎。曹殺其大夫。

稱國以殺，不以其罪也。不書名氏者，脱之。僖二十五年，宋殺其大夫皆此義也。

秋，公會宋人、齊人伐徐。冬十有二月癸亥，朔，日有食之。

二十有七年春，公會杞伯姬于洮他刀反。

公會杞伯姬于洮，非禮也。洮，魯地。

夏六月，公會齊侯、宋公、陳侯、鄭伯，同盟于幽。

孔子稱「桓公九合諸侯，不以兵車，管仲之力也」。案：桓公之會十有五：十三年會北杏、十四年會鄄眷、十五年會鄄、十六年會幽、此年會幽，僖元年會檉赤呈反、二年會貫、三年會陽穀、五年會首止、七年會甯母、八年會洮他刀反、九年會葵丘、十三年會鹹、十五年會牡丘、十六年會淮是也。孔子止言其九者，蓋十三年會北杏，桓始圖伯，其功未見；十四年會鄄，又是伐宋諸侯闕；僖八年會洮、十三年會鹹、十五年會牡丘、十六年會淮，皆有兵車也。故止言其會之盛者九焉，此聖人貴禮義、賤武力之深旨也。

秋，公子友如陳，葬原仲。

大夫非君命不越境，公子友如陳，葬原仲，非禮也。原仲，陳大夫。字者，天子命大夫也。

冬，杞伯姬來。

歸寧，常事也，故不書焉。凡内女直曰「來」者，惡其無事而來也。

莒慶來逆叔姬。

不言來逆女者，惡其成禮于魯也。案：婚禮親迎至夫國，而後成禮。莒慶成禮于魯，故不言逆女以斥之。叔姬，莊公女。宣五年齊高固來逆叔姬，同義。

杞伯來朝。公會齊侯于城濮音卜。

城濮，衛地。

二十有八年春，王三月。甲寅，齊人伐衛，衛人及齊人戰，衛人敗績。

前年公會齊侯、宋公、陳侯、鄭伯，同盟于幽，衛侯不至，故齊人伐衛。衛人及齊人戰，衛不服罪也。以衛主齊者，衛受伐也。春秋之義，伐者爲客，受伐者爲主。故曰「衛人及齊人戰」。不地者，戰于衛也。敗稱師，此稱人者，不以師敗乎人也。

夏四月丁未，邾子瑣卒。秋，荆伐鄭，公會齊人、宋人救鄭。

荆二十三年來聘稱人，此不稱人者，以其創艾中國，復狄之也〔二〕。

冬，築郿音眉。

功大曰城，小曰築。

大無麥、禾。

冬書「大無麥、禾」者，簡言之也。此秋大無麥、冬大無禾爾。不可言「秋大無麥，冬大無禾」，故簡言之也。書曰：「土爰稼穡」，「稼穡作甘」。大無麥、禾，土失其性也。穀於民食最重也。

臧孫辰告糴于齊。

〔二〕 四庫本作「創艾諸夏，復貶之也」。

不言如齊者，不與莊公使臧孫辰告糴于齊也。上言「大無麥、禾」，則百姓飢矣。其言不與莊公使臧孫辰告糴于齊者，病莊公也。莊公爲國久矣，古者三年耕必有一年之畜，九年耕必有三年之畜，三十年通之，雖有水、旱、蟲、螟，民無不足者。莊公爲國二十八年，而無一年之畜，非所以爲國也。臧孫辰，公子彄起侯反曾孫。

二十有九年春，新延廄。

惡不愛民也，冬大無麥、禾，臧孫辰告糴于齊，則民飢矣。延廄雖壞，未新可也。莊公春新延廄，不愛民力若此。

夏，鄭人侵許。秋，有蜚扶味反。**冬十有二月，紀叔姬卒。**

叔姬十二年歸于酅携，卒于酅。

城諸及防。

三十年春，王正月。夏，師次于成。秋七月，齊人降鄣音章。

案：八年師及齊師圍郕，郕降于齊師，先言圍而後言降。此直書齊人降鄣者，惡齊强脅，且見鄣微弱不能伉齊之甚也。

八月癸亥，葬紀叔姬。

媵而卒，葬之者，歸于酅、卒于酅，皆非其所也。

九月庚午，朔，日有食之，鼓、用牲于社。

凡救日食，鼓，禮也；用牲，非禮也。孔子書「鼓、用牲」者，止譏其用牲耳，非謂九月不鼓也。

冬，公及齊侯遇于魯濟子禮反。**齊人伐山戎。**

三十有一年春，築臺于郎。夏四月，薛伯卒。築臺于薛。六月，齊侯來獻戎捷。

戎捷，伐山戎之所得也。齊侯來獻戎捷非禮也。

秋，築臺于秦。

莊比年興作，今又一歲而三築臺，妨農、害民莫甚乎此。薛、秦，魯地也。

冬，不雨。

三十有二年春，城小穀。

魯邑曲阜西北有小穀城。

夏，宋公、齊侯遇于梁丘。秋七月癸巳，公子牙卒。

公子牙，桓公子、莊公庶弟。

八月癸亥，公薨于路寢。

路寢，正寢。公薨于路寢，正也。凡公薨，皆書其所在者，謹凶變也。

冬十月己未，子般卒。

子般，莊公太子，未踰年之君也。莊公未葬，故不名薨；不地者，降成君也。此與襄「三十一年秋九月癸巳，子野卒」義同。

公子慶父如齊。狄伐邢。

卷四

閔公，名開，莊公子，惠王十六年即位。閔，謚也，在國逢難曰閔。

元年春，王正月，齊人救邢。

桓未能帥諸侯以往，故猶稱人。

夏六月辛酉，葬我君莊公。

十一月葬。

秋八月，公及齊侯盟于落姑。季子來歸。

秋，公與齊侯盟于落姑以納季子，故季子來歸。何也？莊公薨，子般卒，閔公沖幼，慶父與夫人通，勢傾公室不朝夕，國人洶洶，思得季友以平內亂，故曰「季子來歸」也。子者，男子之通稱。不言出，公子之未命者也。落姑，齊地。

冬，齊仲孫來。

仲孫，齊大夫。非齊侯命，故不稱使。非齊侯命，則奔也。不言奔者，非奔也，仲孫私來也。仲孫私來，故曰「齊仲孫來」以惡之。此與隱元年祭伯來義同。字者，天子命大夫。

二年春，王正月，齊人遷陽。

陽，微國。

夏五月乙酉，吉禘于莊公。

「吉禘于莊公」，非禮也。魯以周公禘于太廟，此天子大祭，非諸侯可得用也。謂之吉者，莊公葬二十二月，未可吉也，故曰「五月乙酉吉禘于莊公」，以著其僭天子之惡。不言莊宮者，明未三年也。

秋八月辛丑，公薨。

此慶父弒也。不言慶父弒者，諱之也。內諱弒，故弒君之賊皆不書焉。不葬者，義與隱公同。

九月，夫人姜氏孫遜于邾。公子慶父出奔莒。

公子慶父、夫人姜氏同惡之人也。夫人孫于邾，故慶父出奔莒。書者，深惡季子緩不討賊也。案：元年公與齊侯盟于落姑，以納季子。季子來歸，獨執國命。當是時，以魯之衆、因齊之力討慶父而戮之，勢甚易爾，而季子不能也，使閔公遘罹弑逆之禍，悲哉！

冬，齊高子來盟。

案：桓十四年鄭伯使其弟語來盟，此不言使者，高子請來結盟于我也。閔公遇弑，慶父未討，季友立僖，僖又非正，高子請來結盟于我，以定僖公之位，故不言使。僖四年，楚屈完來盟皆此義也。

十有二月，狄入衛。鄭棄其師。

「鄭棄其師」，惡鄭伯也。豈奔潰離散云乎哉？鄭伯有其師，無其將。將者，百姓之司命也。鄭伯以百姓之命授之匪人，非棄而何？故曰「鄭棄其師」以惡之。噫！鄭棄其師、梁亡，皆自取之也。梁亡見僖十九年。

卷五

僖公名申，莊公子，閔公庶兄，惠王十八年即位。僖，謚也，小心畏忌曰僖。

元年春，王正月，齊師、宋師、曹師次于聶北，救邢。

桓自滅遂二十年，用師征伐皆稱人者，以其攘夷狄救中國之功未著，微之也。案：莊三十二年狄伐邢，閔元年齊人救邢，桓未能率諸侯以往，故猶稱人焉。至此稱師者，以其能合二國，次于聶北，救邢，齊桓攘夷狄救中國之功漸見，少進之也。然猶有次焉，先言次而後言救者，譏緩于救患也。滅遂，在莊十三年。

夏六月，邢遷于夷儀。齊師、宋師、曹師城邢。

桓公不急救患，故邢遷于夷儀。邢人已遷，三國之師乃往助城之，故曰「齊師、宋師、曹師城邢」也。夷儀，邢地。

秋七月戊辰，夫人姜氏薨于夷。齊人以歸。

夫人，哀姜也，閔二年孫于邾，桓公取而殺之。不言殺者，諱之也。其言「齊人以歸」者，以其尸歸也。哀姜與弑閔公，桓公討而殺之，正也。然以其尸歸，此則甚矣。夷，齊地。

楚人伐鄭。

莊十年，荊敗蔡師于莘始見于經；十四年入蔡，稱荊；二十三年來聘，始進稱人；二十八年伐鄭，稱荊，反狄之。今曰「楚人伐鄭」者，以其兵衆地大、漸通諸夏，復其舊封、比之小國也。故自此十數年侵伐用兵，皆稱人焉。

八月，公會齊侯、宋公、鄭伯、曹伯、邾人于檉赤呈反。

楚人伐鄭，故桓合諸侯于檉。公有母喪，出會，非禮也。檉，宋地。

九月，公敗邾師于偃。

公檉會方退，親敗邾師于偃，其惡可知。偃，邾地。

冬十月壬午，公子友帥師敗莒師于酈力知反。**獲莒挐**女居反，又女加反。

討慶父也。其言「獲莒挐」者，不可言獲莒人爾。莒大夫，不氏，未命也。慶父閔二年奔。酈，魯地。

十有二月丁巳，夫人氏之喪至自齊。

此夫人哀姜之喪也。不稱姜者，貶之也。案：孫于邾不貶此而貶者，孫于邾不貶，不以子討母也；此而貶者，正王法也。不去氏，殺子之罪比文姜殺夫差輕。孫邾在閔二年。

二年春，王正月，城楚丘。

此會檉，諸侯城楚丘也。不言諸侯者，桓公怠于救患，諸侯不一也。桓公怠于救患，諸侯不一，則孰城之？魯城之也。案：閔二年狄入衛，覆彼國家、君死民散，桓公視之不救，其怠于救患可知也。桓公怠于救患，故諸侯不一；諸侯不一，故魯城之。襄五年戍陳、十年戍鄭虎牢皆此義也。然則善與非善也？此桓公之命，城楚丘以存亡國，曷以謂之非善？雖曰桓公之命，城楚丘以存亡國，與其亡而存之，不若未亡而救之之善也。楚丘，衛邑。不言城衛者，衛未遷也。

夏五月辛巳，葬我小君哀姜。虞師、晉師滅夏陽夏，一作下。

虞師、晉師滅夏陽，虞序晉上者，虞主乎滅夏陽也。案：隱五年邾人、鄭人伐宋，莊十五年宋人、齊人、邾人伐郳，邾序鄭上、宋序齊上，此虞主乎滅夏陽可知也。夏陽，微國。

秋九月，齊侯、宋公、江人、黄人盟于貫。

楚故也。貫，宋地。

冬十月，不雨。

不雨一時即書者，僖公憂民懼災之甚也。

楚人侵鄭。

三年春，王正月，不雨。夏四月，不雨。徐人取舒。六月雨。秋，齊侯、宋公、江人、黄人會于陽穀。

陽穀，齊地。

冬，公子友如齊涖盟。

涖，臨也。凡言「涖盟」者，受盟于彼也。「來盟」者，受盟于我也。

楚人伐鄭。

四年春，王正月，公會齊侯、宋公、陳侯、衛侯、鄭伯、許男、曹伯侵蔡。蔡潰，遂伐楚，次于陘音刑。

桓之病楚也久矣，故元年會于檉、二年盟于貫、三年會于陽穀以謀之。是時楚方强盛，勢陵中國，不可易也。蔡，楚與國，故先侵蔡，俟其兵震威行，然後大舉。蔡既潰，遂進師，次于敵境。陘，楚地。

夏，許男新臣卒。

夏，許男新臣卒于師。不言師者，桓公之行，諸侯安之，與國内同也。

楚屈俱勿反**完來盟于師，盟于召**音紹**陵。**

案：成二年，季孫行父、臧孫許、叔孫僑如、公孫嬰齊帥師會晉郤去逆反克、衛孫良夫、曹公子首及齊侯戰于鞌，齊師敗績，秋七月齊侯使國佐如師，己酉及國佐盟于袁婁。此不言「使」者，楚子聞蔡潰，桓師及境，大懼，屈完請盟于師也。屈完，楚之爲政者也。桓公許焉，乃退師與屈完盟于召陵，故曰「楚屈完來盟于師，盟于召陵」也。案：

元年桓公救刑、城刑，皆曰某師某師，此合魯、衛、陳、鄭七國之君侵蔡，遂伐楚，書爵者，以其能服强楚，攘夷狄救中國之功始著也。故自是征伐用師皆稱爵焉。夫楚，夷狄之鉅者也，乘時竊號，斥地數千里，恃甲兵之衆，猖狂不道，創艾中國者久矣。桓公帥諸侯，一旦不血刃而服之，師徒不勤，諸侯用寧，訖桓公之世，截然中國無侵突之患，此攘夷狄救中國之功可謂著矣。故孔子曰：「管仲相桓公霸諸侯，一匡天下，民到于今受其賜，微管仲，吾其被髮左衽矣。」是故召陵之盟，專與桓也。孔子揭王法，撥亂世以繩諸侯，召陵之盟專與桓者非他，孔子傷聖王不作、周道之绝也。夫六月、采芑、江漢、常武美宣王中興，攘夷狄救中國之詩也。使平惠以降有能以王道興起如宣王者，則攘夷狄救中國之功在乎天子，不在乎齊桓管仲矣。此孔子所以傷之也。〔二〕召陵，楚地。

齊人執陳轅濤塗。

陳轅濤塗，陳大夫。稱人以執，不得其罪也。桓公既與陳侯南服强楚，歸而反執陳轅濤塗，其惡可知也。

〔二〕自「屈完，楚之爲政者也」至「此孔子所以傷之也」，四庫本删去。

秋，及江人、黄人伐陳。

内言及，外稱人，皆微者也。

八月，公至自伐楚。

出踰二時。

葬許穆公。冬十有二月，公孫兹帥師會齊人、宋人、衛人、鄭人、許人、曹人侵陳。

桓公執陳轅濤塗，執非其罪。秋使魯人、江人、黄人伐陳，冬又會公孫兹、宋人、衛人、鄭人、許人、曹人侵陳，甚矣！公孫兹，公子牙子。

五年春，晉侯殺其世子申生。

世子，世君位者也。稱君以殺世子，甚之也。獻公五子，世子申生，次重耳、次夷吾、次奚齊、次卓子，皆申生庶弟也。獻公愛奚齊，欲立之，乃殺世子申生，可謂甚矣。

杞伯姬來朝其子。

伯姬，内女；來朝其子者，以其子來朝也。諸侯來朝，猶曰不可，杞伯姬來朝其子，非禮可知。

夏，公孫茲如牟。

牟，微國。

公及齊侯、宋公、陳侯、衛侯、鄭伯、許男、曹伯會王世子于首止。

此桓帥諸侯致王世子于首止也。經言「公及齊侯、宋公、陳侯、衛侯、鄭伯、許男、曹伯會王世子于首止」者，不與桓致王世子，使與諸侯齊列也。故先言公及諸侯，而後言會王世子以尊之。尊王世子，所以重桓之惡也。首止，衛地。

秋八月，諸侯盟于首止。鄭伯逃歸不盟。

不言王世子者，會猶可言也，盟之則甚矣。王世子，世天下者也，非諸侯可得盟也。鄭伯逃歸不盟者，鄭伯不肯受盟，故逃歸。言「逃」，懼齊之甚。

楚人滅弦，弦子奔黃。

此言「楚人滅弦」者，惡桓不能救也，故弦子不名。十年狄滅温、十二年楚人滅黃同此。

九月戊申，朔，日有食之。冬，晉人執虞公。

稱人以執，惡晉侯也。五等之制，雖其國家、宫室、車旗、衣服、禮儀之有差，而天子命之南面稱孤，皆諸侯也。其或有罪，方伯請于天子，命之執則執之，不得專執也。有罪猶不得專執，况無罪者乎？春秋之世，諸侯無小大，唯力是恃。力能相執則執之，無復請于天子，故孔子從而録之，正以王法。或則稱侯以著其惡，或則稱人以奪其爵。稱侯以著其惡者，謂雖非王命，執得其罪，其罰輕，故但著其專執之惡。二十八年晉侯入曹執曹伯畀、宋人，成十五年晉侯執曹伯歸于京師之類是也。稱人以奪其爵者，謂既非王命，又執不得其罪，其罰重，故奪其爵。此年晉人執虞公、十九年宋人執滕子嬰齊之類是也。

六年春，王正月。夏，公會齊侯、宋公、陳侯、衛侯、曹伯伐鄭，圍新城。

鄭伯逃首止之盟，故桓帥諸侯伐鄭，圍新城。新城，鄭邑。

秋，楚人圍許，諸侯遂救許。冬，公至自伐鄭。

出踰三時。

七年春，齊人伐鄭。夏，小邾子來朝。

小邾子，邾之别封也，故曰「小邾子」以别之。

鄭殺其大夫申侯。

鄭殺其大夫申侯，稱國以殺，不以其罪也。

秋七月，公會齊侯、宋公、陳世子款、鄭世子華，盟于甯母。

言鄭世子華者，齊人伐鄭未已，鄭伯懼，欲求成于齊，故先使世子華受盟于甯母也。甯母，魯地。

曹伯班卒。公子友如齊。冬，葬曹昭公。

八年春，王正月，公會王人、齊侯、宋公、衛侯、許男、曹伯、陳世子款，盟于洮。

王人，微者也。序于諸侯之上者，春秋尊王，故王人雖微，序于諸侯之上也。洮，魯地。

鄭伯乞盟。

此以其逃首止之盟，乞之也。齊人連年伐鄭，世子華雖受盟甯母，鄭伯猶懼見討，故自乞盟于此也。乞者，卑請之辭。

夏，狄伐晉。秋七月，禘于太廟，用致夫人。

禘，天子大祭。夫人，成風也，不言風氏者，成風僖公妾母，嫁非廟見，不得與祭。僖公既君，欲尊其母，故因此秋禘，用夫人之禮致于太廟，使之與祭也。妾母稱夫人，僭之大者，故不言風氏以貶之。案：莊元年夫人文姜孫于齊，貶去姜氏，此不言風氏，其貶可知也。

冬十有二月丁未，天王崩。

惠王書崩，不書葬者，得常也。

九年春，王三月丁丑，宋公御音禦**説**音悦**卒。夏，公會宰周公、齊侯、宋子、衛侯、鄭伯、許男、曹伯于葵丘。**

桓以諸侯致宰周公于葵丘，經以宰周公主會爲文者，不與桓以諸侯致天子三公也。宋在喪，故稱子。葵丘，宋地。

秋七月乙酉，伯姬卒。

直曰伯姬，未適人也。未適人卒者，許嫁則服，服則得常，常則不書。書者，譏不服也。十六年鄫似陵反季姬卒、文十二年子叔姬卒皆此義也。

九月戊辰，諸侯盟于葵丘。

桓公圖伯，内帥諸侯、外攘夷狄，討逆誅亂以救中國，經營馳驟、出入上下三十年，勞亦至矣！然自服强楚，其心乃盈，不能朝于京師、翼戴天子、興衰振治以復文武之業。前此五年致王世子于首止，今復致宰周公于葵丘，觀其心也盈已甚矣。孟子稱：「五伯，桓公爲盛。葵丘之會諸侯，束牲載書而不歃血。初命曰：『誅不孝，無易樹子，無以妾爲妻。』再命曰：『尊賢、育才，以彰有德。』三命曰：『敬老、慈幼，無忘賓旅。』四命曰：『士無世官，官事無攝，取士必得，無專殺大夫。』五命曰：『無曲防，無遏糴，無有封而不告者。』」豈美桓哉？蓋疾當時諸侯有所激而云爾。故曰「五伯者，三王之罪人也」，「今之諸侯，五伯之罪人也」，「今之大夫，今之諸侯之罪人也」。此葵丘之盟，桓公之惡，從可見矣。

甲子，晉侯佹音鬼**諸卒。冬，晉里克殺其君之子奚齊。**

奚齊未踰年之君也。其言「晉里克殺其君之子奚齊」者，奚齊，庶孽，其母嬖，獻公殺世子申生以立之。春秋不與，故曰「晉里克殺其君之子奚齊」以惡之也。

十年春，王正月，公如齊。

公始朝齊也。不至者，朝齊安之，與他國異也。十五年如齊，同此。

狄滅温，温子奔衛。晉里克弒其君卓及其大夫荀息。

「晉里克弒其君卓及其大夫荀息」者，甚之之辭也。桓二年，宋督弒其君與音予夷及其大夫孔父、莊十二年宋萬弒其君捷及其大夫仇牧，其義一也。

夏，齊侯、許男伐北戎。晉殺其大夫里克。

里克弒奚齊、卓子，不以討賊辭書者，惠公殺之不以其罪也。惠公立，懼其又將賊己，以是殺克也，故不得從討賊辭。

秋七月。冬，大雨于付反**雪。**

十有一年春，晉殺其大夫丕普悲反**鄭父。夏，公及夫人姜氏會齊侯于陽穀。**

公及夫人姜氏會齊侯于陽穀，參譏之也。

秋八月，大雩。冬，楚人伐黄。

十有二年春，王三月。庚午，日有食之。夏，楚人滅黄。秋七月。冬十有二月丁丑，

陳侯杵臼卒。

十有三年春，狄侵衛。夏四月，葬陳宣公。公會齊侯、宋公、陳侯、衛侯、鄭伯、許男、曹伯于鹹。

鹹，衛地。

秋九月，大雩。冬，公子友如齊。

十有四年春，諸侯城緣陵。

諸侯不序者，會鹹諸侯也。杞微弱，上下同心、一力而城之，故曰「諸侯」，所以與城楚丘異也。緣陵，杞邑。

夏六月，季姬及鄫似陵反，或作繒**子遇于防。使鄫子來朝。**

内女嫁曰「歸于某」，隱二年伯姬歸于紀、莊二十六年伯姬歸于杞之類是也；出曰「來歸」，宣十六年郯伯姬來歸、成五年杞叔姬來歸之類是也；無事而來則曰「來」，莊二十七年杞伯姬來、僖二十八年杞伯姬來之類是也。季姬上無歸鄫之文，則是未嫁者也。此年六月，季姬及鄫子遇于防，使鄫子來朝，明年九月季姬歸于鄫，是季姬先與鄫子遇于防而後乃嫁于鄫也。此季姬之行不正可知矣。故稱「及」、稱「遇」、稱「使」，以著其惡。

秋八月辛卯，沙鹿崩。

沙，山名；鹿，山足也。其言「沙鹿崩」者，謂山連足而崩爾。詩曰：「百川沸騰，山冢崒崩。」山冢崒崩，猶以爲異，況連足而崩乎？此異之甚者。

狄侵鄭。冬，蔡侯肸卒。

十有五年春，王正月，公如齊。楚人伐徐。三月，公會齊侯、宋公、陳侯、衛侯、鄭伯、許男、曹伯盟于牡丘，遂次于匡。公孫敖帥師及諸侯之大夫救徐。

言「次」言「救」者，惡諸侯緩于救患也。諸侯既約救徐而遣大夫往此，緩于救患可知也。公孫敖，公子慶父子。牡丘，衛地。

夏五月，日有食之。秋七月，齊師、曹師伐厲。

厲，楚與國。

八月，螽。九月，公至自會。

暴露師衆三時。

季姬婦于鄫。

不書逆者，微也。

己卯晦，震夷伯之廟。

大夫之廟。書者，夷伯僭也。春秋亂世，諸侯僭天子，大夫僭諸侯。故此一見大夫之僭焉。夷，謚；字者，天子命大夫。

冬，宋人伐曹。楚人敗徐于婁林。十有一月壬戌，晉侯及秦伯戰于韓，獲晉侯。

春秋用兵，大夫生得曰「獲」。僖元年公子友帥師敗莒師于酈，獲莒挐女居、女加二反，宣二年宋華元帥師及鄭公子歸生帥師戰于大棘，宋師敗績，獲宋華元之類是也。未有諸侯獲諸侯者。此言「晉侯及秦伯戰于韓，獲晉侯」者，賤晉侯、疾秦伯之辭也。賤晉侯、疾秦伯者，晉侯失道，不顧人命，以起此戰；秦伯獲之，則又甚矣。故言戰、言獲，以著其惡。不言以歸者，舉重也。韓，晉地。

十有六年春，王正月戊申，朔，隕石于宋五；是月，六鷁五力反**退飛過宋都。**

五石，異之甚者也；六鷁，異之細者也，故曰「正月戊申，朔，隕石于宋五；是月，六鷁退飛過都」也。其言「是月」者，不可再書正月故也。

三月壬申，公子季友卒。

公子季友卒，字者，天子命大夫也。

夏四月丙申，鄫季姬卒。秋七月甲子，公孫兹卒。冬十有二月，公會齊侯、宋公、陳侯、衛侯、鄭伯、許男、邢侯、曹伯于淮。

十有七年春，齊人、徐人伐英氏。夏，滅項。

此齊人、徐人滅項也。上言齊人、徐人伐英氏，下言滅項，此齊人、徐人滅項可知也。英氏，楚與國。

秋，夫人姜氏會齊侯于卞。九月，公至自會。

踰三時。卞，魯地。

冬十有二月乙亥，齊侯小白卒。

十有八年春，王正月。宋公、曹伯、衛人、邾人伐齊。

齊桓公六子，無嫡，長公子無虧，次惠公元，次孝公昭，次昭公潘，次懿公商人，次公子雍。桓公卒，無虧立，五公子並爭，齊大亂，宋襄以諸侯伐齊，孝公故也。

夏，師救齊。五月戊寅，宋師及齊師戰于甗魚免反，又音言、音彥，**齊師敗績。**

宋師伐齊以五月，敗齊師于甗，無虧死，遂立孝公。案：二十七年齊昭卒，八月葬齊孝公，此立孝公可知也。春秋之義，伐者爲客，受伐者爲主。此以宋主齊者，不與宋襄伐齊也。宋襄伐人之喪，擅易人之主，甚矣。甗，齊地。

狄救齊。秋八月丁亥，葬齊桓公。

九月而葬。

冬，邢人、狄人伐衛。

邢人、狄人伐衛，救齊也。狄稱人者，善救齊。

十有九年春，王三月，宋人執滕子嬰齊。

宋人執滕子嬰齊，不得其罪也。滕子名者，惡遂失國也。

夏六月，宋公、曹人、邾人盟于曹南。鄫子會盟于邾。己酉，邾人執鄫子用之。

鄫子不及曹南之盟，故會盟于邾。邾子執鄫子用之，用之爲牲歃血以盟也，諸侯不得相執。邾人不道，執鄫子用之，天子不能誅也，悲夫！

秋，宋人圍曹。衛人伐邢。冬，會陳人、蔡人、楚人、鄭人盟于齊。

内不出主名，外稱人，皆微者。

梁亡。

梁亡，惡不用賢也。梁伯守天子土，有宗廟社稷之重，有軍旅民人之衆，左右前後，朝夕與爲治，莫有聞者，是左右前後皆非其人也。左右前後皆非其人，不亡何待？故直曰「梁亡」以惡之。

二十年春，新作南門。

城郭門户皆有舊制，壞則修之。常事書者，譏其侈泰、妨農功、改舊制也。案：莊二十九年春新延厩，不言作，此言作，改舊制可知也。

夏，郜音告**子來朝。五月乙巳，西宮災。**

西宮，公別宮也。

鄭人入滑。秋，齊人、狄人盟于邢。

狄稱人者，猶與中國故也。

冬，楚人伐隨。

二十有一年春，狄侵衛。宋人、齊人、楚人盟于鹿上。齊桓公死，宋人欲宗諸侯，故盟于鹿上。鹿上，宋地。

夏，大旱。秋，宋公、楚子、陳侯、蔡侯、鄭伯、許男、曹伯會于盂。執宋公以伐宋。宋襄合諸侯于盂以致楚子，楚子怒，執宋公以伐宋。不言楚子執宋公以伐宋者，不與楚子執宋公以伐宋也。故以諸侯共執爲文，所以抑强夷而存中國也。然則楚稱子者，案：吴、楚本子爵，入春秋，始則曰荆、曰楚、曰吴，終則稱人、稱子；楚始謂之「荆」者，楚先吴僭，罪大貶重，猶曰荆州之夷也；既而曰楚、曰吴者，君臣同辭，以國舉之也；終則稱人、稱子者，以其漸同中國，與諸侯會盟，及修禮來聘，稱人少進也，稱子復舊爵也。吴楚之君，狂僭之惡，罪在不赦，固宜終春秋之世貶之。孔子不終春秋之世貶之者，傷聖王不作、中國失道之甚也。盂，宋地。

冬，公伐邾。楚人使宜申來獻捷。

楚人，楚子也。不言楚子者，以其執宋公伐宋貶之也。捷，宋捷也。不言宋捷者，不與楚捷于宋也。莊三十一年齊侯來獻戎捷，言齊侯、言戎捷，義同〔二〕。

十有二月癸丑，公會諸侯，盟于薄，釋宋公。

楚子執宋公以伐宋，公懼，故會諸侯盟于薄，釋宋公。不言楚子釋宋公者，不與楚子專釋也。

二十有二年春，公伐邾，取須句其俱反。

「公伐邾，取須句」，言「伐」言「取」者，惡公伐邾非以其罪，利其土地也。

夏，宋公、衛侯、許男、滕子伐鄭。

鄭即楚故也。案：莊十六年荆伐鄭，二十八年荆伐鄭，僖元年楚人伐鄭，二年楚人侵鄭，三年楚人伐鄭，鄭不即楚，此而即者，齊桓既死，宋襄不能與楚伉也。

秋八月丁未，及邾人戰于升陘音刑。

此公及邾人戰也。不言公者，公不道，伐邾取須句以起此戰，惡之大者，故曰「及邾

〔二〕「義同」二字，薈要本缺，據四庫本補。

人戰于升陘」以諱之也。升陘，魯地。

冬十有一月己巳朔，宋公及楚人戰于泓。宋師敗績。

夏，宋公、衛侯、許男、滕子伐鄭。鄭，楚與國也，故楚人伐宋。冬十有一月，宋公及楚人戰于泓，宋師敗績，襄公傷焉。噫！宋襄無齊桓之資，欲紹齊桓之烈，帥諸侯以致强楚，故盂之會見執受伐，今復與楚争鄭，以起此戰，喪師泓水之上，身傷七月而死，爲中國羞，惜哉！泓，宋水。

二十有三年春，齊侯伐宋，圍緡。

楚人敗宋公于泓，齊侯視之不救，而又加之以兵，故「伐」、「圍」並書，以誅其惡。

夏五月庚寅，宋公兹父卒。

傷于泓故。

秋，楚人伐陳。冬十有一月，杞子卒。

二十有四年春，王正月。夏，狄伐鄭。秋七月。冬，天王出居于鄭。

襄王也。周無出，此言出者，惡襄王自絶于周，則奔也。其言居于鄭者，天子至尊，故所至稱居，與諸侯異也。

晉侯夷吾卒。

二十有五年春，王正月丙午，衛侯燬滅邢。

衛侯名者，孔子傷天下之亂，時無賢伯，邢、衛皆齊桓所存之亡國也，衛侯不念桓公之大德，以絶先祖之支體，甚矣！故生而名之也。

夏四月癸酉，衛侯燬卒。宋蕩伯姬來逆婦。

伯姬，内女，嫁爲宋大夫蕩氏妻。爲其子來逆婦也。伯姬自爲其子來逆婦，非禮也。

宋殺其大夫。

稱國以殺，不以其罪也。不稱名氏者，與莊二十六年曹殺其大夫義同。

秋，楚人圍陳，納頓子于頓。

頓子迫于陳，懼而奔楚，故楚人圍陳，納頓子于頓。頓，微國。

葬衛文公。冬十有二月癸亥，公會衛子、莒慶盟于洮。

二十有六年春，王正月己未，公會莒子、衛甯速盟于向舒亮反。**齊人侵我西鄙。公追齊**

師至巂音攜，**弗及。**

侵稱人、追稱師者，不可言公追齊人故也。「至巂，弗及」者，譏魯失戎備，明齊人已去而追之爾。巂，齊地。

夏，齊人伐我北鄙。衛人伐齊。公子遂如楚乞師。

齊再伐我，故公子遂如楚乞師。夫國之大小、師之衆寡，皆有王制，不可乞也。書者，惡魯不能内修戎備而外乞師于夷狄。

秋。楚人滅夔，以夔子歸。

夔，楚同姓國。不名者，略夷狄。

冬，楚人伐宋，圍緡公。以楚師伐齊，取穀。

楚，夷狄也；齊，中國。以夷狄伐中國，固甚不可，而又取其地焉，此公之惡可知也。〔一〕

公至自伐齊。

〔一〕 四庫本此注全改，作「魯既不能内修戎備，而乞師于荆楚，以伐太公之後，又取其地焉，此公之惡可知也」。

二十有七年春，杞子來朝。夏六月庚寅，齊侯昭卒。秋八月乙未，葬齊孝公。乙巳，公子遂帥師入杞。

春，杞子來朝，秋，公子遂帥師入杞，甚矣！

冬，楚人、陳侯、蔡侯、鄭伯、許男圍宋。

楚子自會盂執宋公伐宋之後，復貶稱人。「冬，楚人使宜申來獻捷」，「二十二年，宋公及楚人戰于泓」，「二十五年楚人圍陳，納頓子于頓」，「二十六年楚人滅夔，以夔子歸」，此年「楚人、陳侯、蔡侯、鄭伯、許男圍宋」是也。陳侯、蔡侯、鄭伯、許男不同貶者，四國之君雜然從夷〔一〕圍中國，其貶自見也。會盂伐宋在二十一年。

十有二月甲戌，公會諸侯盟于宋。

諸侯圍宋，公常與楚，故會諸侯盟于宋。

二十有八年春，晉侯侵曹，晉侯伐衛。

曹、衛，楚與國也。晉侯將救宋，故侵曹、伐衛。不言遂者，非繼事也。此侵曹，既

〔一〕「夷」，四庫本作「楚」。

反而後伐衛耳。故曰「晉侯侵曹，晉侯伐衛」也。

公子買戍衛，不卒戍，刺七賜反**之。楚人救衛。**

公叛晉與楚，故使公子買戍衛，且以晉之兵力非公子買所能伉也，故買不卒戍而歸。徐聞楚人救衛，公懼楚之見討也，乃殺買以説焉。公内殘骨肉，外苟説于强夷，故曰「公子買戍衛，不卒戍，刺之」以著其惡。内殺大夫曰「刺」。

三月丙午，晉侯入曹，執曹伯。畀宋人。

晉侯侵曹，曹不服罪，故入曹執曹伯。「畀宋人」，畀，與也。晉侯入曹執曹伯，不歸于京師，畀宋人使自治之，甚矣！不奪爵者，曹伯背華即夷〔二〕，晉侯圖伯，執得其罪也。

夏四月己巳，晉侯、齊師、宋師、秦師及楚人戰于城濮。楚師敗績。

晉文始見於經，孔子遽書爵者，與其攘夷狄、救中國之功不旋踵而建也。昔者齊桓既殁，楚人復張，猖狂不道，欲宗諸侯，與宋並争。會盂、戰泓以窘宋者數矣，今又圍之踰年，天下諸侯莫有能與伉者。晉文奮起，春征曹、衛，夏服强楚，討逆諸亂，以紹桓烈，

〔二〕「背華即夷」四庫本作「背晉即楚」。

自是楚人遠屏不犯中國者十五年。此攘夷狄、救中國之功，可謂不旋踵而建矣。噫！東遷之後，周室既微，四夷乘之以亂中國，盜據先王之土地，戕艾先王之民人，憑陵寇虐，四海洶洶，禮樂衣冠蓋掃地矣！其所由來者，非四夷之罪也，中國失道故也。是故吴楚因之交僭大號，觀其蠻夷之衆，斥地數千里，馳驅宋鄭陳蔡之郊，諸侯望風畏慄，唯其指顧，奔走之不暇，鄉非齊桓晉文繼起，盟屈完于召陵，敗得臣于城濮，驅之逐之懲之艾之，則中國幾何不胥而夷狄矣，故召陵之盟、城濮之戰，專與齊桓晉文也。孟子稱「仲尼之徒無道桓文之事」，此言專與齊桓晉文者，其實傷之也。孔子傷周道之絶，與其攘夷狄救中國一時之功爾。召陵之盟、城濮之戰，雖然迭勝强楚，不能絶其僭號以尊天子。使平惠以降，有能以王道興起如宣王者，則是時，安有齊桓晉文之事哉！此孔子之深旨也。〔一〕

楚殺其大夫得臣。

不氏，未命也。

〔一〕 四庫本省作「晉文始見于經。孔子遽書爵者，與其攘外患、救中國之功不旋踵而建也。昔者齊桓既殁，楚人復張，猖狂不道，欲宗諸侯。自城濮之敗，不犯中國者十五年，文公之功偉矣！故春秋與之」。

衛侯出奔楚。

衛侯聞晉師勝，故懼而奔楚。不名者，以見晉文逼逐而去。

五月癸丑，公會晉侯、齊侯、宋公、蔡侯、鄭伯、衛子、莒子盟于踐土。

踐土之盟，襄王在是也。不書者，不與晉文致天子也。晉文既攘强楚，不能朝于京師，廟獻楚俘以警夷狄，反以乘勝之衆坐致衰陵之主，盟諸侯于是，甚矣！踐土，鄭地。

陳侯如會。

來不及盟，故曰如會。陳本與楚，楚敗，歸中國。

公朝于王所。

非禮也。書曰：「六年五服一朝。又六年，王乃時巡，諸侯各朝于方嶽。」公朝于王所，非禮可知也。不言諸侯者，言諸侯則是天子可得致也。故壬申之朝，諸侯亦没而不書焉。

六月，衛侯鄭自楚復歸于衛。

此言自楚復歸于衛者，衛侯鄭奔楚，由楚而得返于衛也。衛侯鄭與楚比周，故楚人返之于衛。

衛元咺許晚反**出奔晉。**

晉侯使元咺奉公子瑕受盟于踐土，衛侯復歸，故元咺懼，奔晉以訴之。

陳侯款卒。

不地者，安之也。與四年許男新臣義同。

秋，杞伯姬來。公子遂如齊。冬，公會晉侯、齊侯、宋公、蔡侯、鄭伯、陳子、莒子、邾子、秦人于温，天王狩于河陽。

冬會于温，其言天王狩于河陽者，不與晉文再致天子也。晉文再致天子，惡之大者。故孔子以襄王自狩爲文，所以黜强侯而尊天子也。河陽，晉地。

壬申，公朝于王所。

「壬申，公朝于王所」，深惡再致襄王以諸侯朝也。日繫于月，而此不月者，脱之。

晉人執衛侯，歸之于京師。

「晉人執衛侯，歸之于京師」者，元咺故也。晉文既勝强楚，不能招携撫貳以崇大德，助其臣而執其君，非所以宗諸侯也。故曰「晉人」以疾之。

衛元咺自晉復歸于衛。

晉文既執衛侯歸之于京師，乃返元咺于衛。

諸侯遂圍許。

諸侯再會，許皆不至。

曹伯襄復歸于曹。

三月晉侯入曹，執曹伯，畀宋人。此言「曹伯襄復歸于曹」者，晉文赦之也。晉文執之，曷爲晉文赦之？春秋亂世，强侯執辱小國之君，無復天子命，執之赦之，自我而已。案：二百四十年，唯成十六年曹伯負芻執而得歸，由天子命，故曰「曹伯歸自京師」以異其文，它皆否焉。

遂會諸侯圍許。

二十有九年春，介葛盧來。

東夷微國。不言朝者，不能行朝禮也。

公至自圍許。

公出踰時。

夏六月，會王人、晉人、宋人、齊人、陳人、蔡人、秦人盟于翟泉。

内不出主名，外曰某人某人盟于翟泉，皆微者也。翟泉，周地。

秋，大雨于付反**雹。冬，介葛盧來。**

一歲而再來，非禮之甚。

三十年春，王正月。夏，狄侵齊。秋，衛殺其大夫元咺及公子瑕。衛侯鄭歸于衛。

此言「衛殺其大夫元咺及公子瑕，衛侯鄭歸于衛」者，衛侯道殺二子而歸也。案：二十八年晉文執衛侯歸之于京師，衛侯得返，懼二子之不納也，故道殺二子而歸。衛侯道殺二子而歸，無惡文者，二子之禍皆晉文爲之也。

晉人、秦人圍鄭。

翟泉之盟，鄭不至故。

介人侵蕭。冬，天王使宰周公來聘，公子遂如京師，遂如晉。

皆非禮也。天子至尊，非諸侯可得伉。僖與襄王交聘，伉孰甚焉！故曰「天王使宰周公來聘，公子遂如京師，遂如晉」以惡之。

三十有一年春，取濟子禮反**西田。**

復侵地也。濟西田本魯地。

公子遂如晉。夏四月，四卜郊，不從，乃免牲。

郊者，祭天之名也。天子祭天地，無所不通；諸侯祭其境內山川。魯，諸侯也，以諸侯而用天子之祭，僭孰甚焉！故此年「夏四月，四卜郊，不從，乃免牲」，宣三年正月「郊，牛之口傷，改卜牛，牛死，乃不郊」，成七年正月「鼷音奚鼠食郊牛角，改卜牛，鼷鼠又食其角，乃免牛，不郊」，十年五月「五卜郊，不從，乃不郊」之類。一則因其瀆亂不時，一則從其災異示變以著其僭天子之惡也。全者曰牲，傷者曰牛。

猶三望。

猶者，可止之辭；三望之說，先儒不同，公羊言「泰山、河、海」，鄭氏謂「海、岱、淮」，杜預稱「分野之星及境內山川」。據鄭、杜止以諸侯祭其封內云爾，況河、海、淮非魯封內，又諸侯無祭分野星辰之事，且魯既僭天子，蓋于四望之中祭其大者三爾。公羊得之。

秋七月。冬，杞伯姬來求婦。

伯姬，內女。「來求婦」者，爲其子來求婦也。爲其子來求婦，非禮也。

狄圍衛。十有二月，衛遷于帝丘。

衛畏狄，自遷也。帝丘，衛地。

三十有二年春，王正月。夏四月己丑，鄭伯捷卒。衛人侵狄。秋，衛人及狄盟。

不地者，就狄盟也。復出衛人者，嫌與內之微者同。

冬十有二月己卯，晉侯重耳卒。

三十有三年春，王二月，秦人入滑。齊侯使國歸父來聘。夏四月辛巳，晉人及姜戎敗秦師于殽。

此晉襄及姜戎敗秦師于殽也。其稱人者，秦人入滑雖曰不可，晉襄與姜戎要而敗之，此又甚焉。晉襄厄人于險，非仁也；却喪用兵，非孝也。故曰「晉人及姜戎敗秦師于殽」

以疾之。

癸巳，葬晉文公。狄侵齊。公伐邾，取訾子斯反**婁。秋，公子遂帥師伐邾。**

夏，公伐邾取訾婁，秋，公子遂帥師伐邾，其惡可知。

晉人敗狄于箕。

箕，晉地。

冬十月，公如齊。十有二月，公至自齊。

案：十年、十五年公如齊不至，此至者，齊桓既死，遠朝强齊，危之也。

乙巳公薨于小寢。

小寢，非正也。

隕霜不殺草。李梅實。

不時也。五行傳曰：「視之不明，是謂不哲。厥罰常燠，時則有草木妖。」

晉人、陳人、鄭人伐許。

卷六

文公名興，僖公子，襄王二十六年即位。文，謚也，慈惠愛民曰文。

元年春，王正月，公即位。

書即位者，文公繼僖，非天子命也。

二月癸亥，日有食之。天王使叔服來會葬。

諸侯五月而葬，僖公薨至此三月，天王使叔服來會葬，非禮也。

夏四月丁巳，葬我君僖公。

五月而葬。書者，不請謚也。

天王使毛伯來錫公命。

古者，三載考績、三考黜陟幽明。文公即位，功未及施而天王使毛伯來錫公命，濫賞也。毛伯，天子卿；毛，采地；伯，爵。

晉侯伐衛。叔孫得臣如京師。衛人伐晉。秋，公孫敖會晉侯于戚。冬十月丁未，楚世子商臣弒其君頵憂倫反。

稱世子以弒，甚商臣之惡也。不言其父而言其君者，君之于世子有父之親、有君之尊。言世子所以明其親也，言其君所以明其尊也。商臣之尊、親盡矣。

公孫敖如齊。

二年春，王二月甲子，晉侯及秦師戰于彭衙，秦師敗績。

秦師伐晉，以報殽之役，戰于彭衙，秦師敗績。殽之役在僖三十三年。彭衙，秦地。

丁丑，作僖公主。

「丁丑，作僖公主」，緩也。禮：「平旦而葬，日中反而祭，謂之虞，其主用桑；期而小祥，其主用栗。」僖公薨至此十五月，作僖公主，緩可知也。

三月乙巳，及晉處父盟。

此公及處父盟也。不言公者，不與處父敵公也。不與處父敵公，故不言公。處父不氏，未命也。

夏六月，公孫敖會宋公、陳侯、鄭伯、晉士穀禾木反**，盟于垂隴。**

垂隴，鄭地。

自十有二月不雨，至于秋七月。

不雨歷三時乃書者，惡文公怠于國政、不懼旱災之甚。

八月丁卯，大事于太廟，躋僖公。

大事者，大其事也。僖公，閔公庶兄，繼閔而立，其位當在閔下。文公既君，欲尊其父，故大其事，躋于閔公之上。躋，升也。夫鬼神有常祀，昭穆有常位，不可易也。文公二月丁丑作僖公主，八月丁卯大事于太廟，躋僖公，瀆慢不恭也甚矣。

冬，晉人、宋人、陳人、鄭人伐秦。

報彭衙之戰。

公子遂如齊納幣。

喪制未終，使同姓大夫圖婚。

三年春，王正月，叔孫得臣會晉人、宋人、陳人、衛人、鄭人伐沈，沈潰。夏五月，王子虎卒。

外大夫來赴，非禮也。

秦人伐晉。秋，楚人圍江。雨于付反**螽**音終**于宋。**

「雨螽于宋」，謂雨而爲螽也。猶雨毛、雨土之類爾。

冬，公如晉。十有二月己巳，公及晉侯盟。晉陽處父帥師伐楚以救江。

先言伐楚而後言以救江者，惡不能救江也。楚人圍江，陽處父帥師不急赴之，乃先伐楚，欲其引兵自救，而江圍解，非救患之師也。故明年秋，楚人滅江。

四年春，公至自晉。

自是公朝强國皆至者，惡其輕去宗廟，遠朝强國，或執或辱，危之也。

夏，逆婦姜于齊。

此公逆婦姜于齊也。不言公者，諱之也。不言逆女者，以其成禮于齊也。以其成禮于齊，故不言公以諱之。

狄侵齊。秋，楚人滅江。晉侯伐秦。衛侯使甯俞來聘。冬十有一月壬寅，夫人風氏薨。

成風也，僖公妾母。

五年春，王正月，王使榮叔歸含戶暗反，或作唅**且賵**方鳳反。

非禮也。成風僭夫人，襄王不能正，又使榮叔含之、賵之，此非禮可知也。榮叔，周大夫。榮，采地；叔，字。不言天王者，脱之，下會葬同此。

三月辛亥，葬我小君成風。王使召伯來會葬。

成，謚也。先言葬而後言會者，不及事也。成風，諸侯妾母。襄王既使榮叔歸含且賵，又使召伯來會葬，甚矣！召伯，天子卿。召，采地；伯，爵。

夏，公孫敖如晉。秦人入鄀音若。**秋，楚人滅六。**

鄀、六，微國。

冬十月甲申，許男業卒。

六年春，葬許僖公。夏，季孫行父如陳。秋，季孫行父如晉。八月乙亥，晉侯驩卒。

冬十月，公子遂如晉，葬晉襄公。晉殺其大夫陽處父。晉狐射姑出奔狄。閏月不告月，猶

朝于廟。

春秋二百四十二年，閏月多矣。獨此書「不告月」者，是常告也。文既不告閏月，猶朝于廟，非禮可知。

七年春，公伐邾。三月甲戌，取須句其俱反**。**

惡再取也。案：僖二十二年公伐邾取須句，後其地復入于邾。

遂城郚音吾**。**

遂城郚，重勞民也。郚，魯邑。

夏四月，宋公王臣卒。宋人殺其大夫。

稱人以殺，殺有罪也。不言名氏者，脱之也。

戊子，晉人及秦人戰于令力呈反**狐。**

秦晉自殽之役結怨，用兵償報不已。二年書晉侯及秦師戰于彭衙，此稱人者，疾之甚也。故自是不復名其將帥，但曰某人某人而已。言戰不言敗者，勝負敵也。令狐，秦地。

晉先蔑奔秦。

先蔑書者，不可言晉人故也。不言出者，明自軍中而去。

狄侵我西鄙。秋八月，公會諸侯、晉大夫盟于扈。

扈之會不序者，略之也。公本期會于扈而不至焉，故略之也。

冬，徐伐莒。

徐不稱人，夷也。

公孫敖如莒涖盟。

八年春，王正月。夏四月。秋八月戊申，天王崩。

襄王也。

冬十月壬午，公子遂會晉趙盾盟于衡雍於用反。**乙酉，公子遂會雒戎盟于暴。**

再言公子遂者，非繼事也。此壬午，公子遂與晉趙盾盟于衡雍，乙酉還至暴，又與雒戎盟爾。故曰「壬午，公子遂會晉趙盾盟于衡雍；乙酉，公子遂會雒戎盟于暴」也。公子遂，莊公子。暴、衡雍，皆鄭地。

公孫敖如京師，不至而復。丙戌，奔莒。

「公孫敖如京師」，弔喪也。「不至而復」，中道而反也。「丙戌，奔莒」，文公不能誅，敖得以自恣也。案：宣八年公子遂如齊，至黄乃復。「至黄乃復」者，以疾而還也。公子遂以疾而還，義猶不可，况敖如京師弔喪中道而返乎？此敖之罪固不容誅矣，而又使之自恣得以奔莒，此文公之惡亦可見矣。不言所至者，舉京師爲重也。

螽。宋人殺其大夫司馬，宋司城來奔。

「宋人殺其大夫司馬，宋司城來奔」，譏六卿也。大國三卿、次國二卿，不書名氏者，脱之。左氏稱「司馬握節以死，故書以官，司城蕩意諸，效節于府人而出，公以其官逆之，亦書以官」〔一〕，公羊言「皆以官舉者，宋三世無大夫」〔二〕，穀梁謂「以官稱，無君之辭也」〔三〕，于義皆所未安。何者？莊二十六年曹殺其大夫、僖二十五年宋殺其大夫、文七年

〔一〕左傳原文：「司馬握節以死，故書以官。司城蕩意諸來奔，效節於府人而出。公以其官逆之，皆復之，亦書以官，皆貴之也。」

〔二〕公羊原文：「宋人殺其大夫司馬。宋司城來奔。司馬者何？司城者何？皆官舉也。曷爲皆官舉？宋三世無大夫，三世内娶也。」

〔三〕穀梁原文：「司馬，官也。其以官稱，無君之辭也。宋司城來奔。司城，官也。其以官稱，無君之辭也。來奔者不言出，舉其接我也。」

宋人殺其大夫，皆以官舉故也。此不書名氏，脱之斷可知矣。

九年春，毛伯來求金。

襄王未葬，毛伯來求金，其惡可知也。

夫人姜氏如齊。二月，叔孫得臣如京師。辛丑，葬襄王。

襄王七月而葬，書者，惡内也。案：六年八月乙亥晉侯驩卒，冬十月公子遂如晉葬襄公；前年秋八月戊申，天王崩，此年二月叔孫得臣如京師，辛丑葬襄王。魯皆使卿會，是天子諸侯可得齊也，故書襄王之葬以惡内。

晉人殺其大夫先都。三月夫人姜氏至自齊。

夫人行不至此，至者，孔子傷文姜之亂出。姜又不安魯，終以子弑而去，十八年夫人姜氏歸于齊是也。

晉人殺其大夫士縠禾木反**及箕鄭父。楚人伐鄭。**

楚復强也。楚自城濮之敗，不敢加兵于鄭，今伐鄭者，晉文既死，中國不振故也。城濮之敗在僖二十八年。

公子遂會晉人、宋人、衛人、許人救鄭。夏，狄侵齊。秋八月，曹伯襄卒。九月癸酉，地震。

震，動也。地而震，失地道也。

冬，楚子使椒來聘。

楚子執宋公伐宋，復貶稱人者二十年。至此稱爵者，以其慕義使椒再來修聘，進之也。椒，楚大夫；未命故不氏。秦術、吴札皆此義也。執宋公伐宋在僖二十一年。

秦人來歸僖公、成風之襚音遂，衣服曰襚。

秦人來歸僖公，成風之襚，正也。書者以見周室陵遲、典禮錯亂，秦人之不若也。

案：四年十有一月壬寅，夫人風氏薨，五年春，王正月，王使榮叔歸含且賵，三月辛亥葬我小君成風，王使召伯來會葬，此年秦人來歸僖公、成風之襚，不及事也。其言正者，妾母稱夫人，非正也。妾母稱夫人自僖公始，天子不能正而秦人能之，故曰「秦人來歸僖公、成風之襚」。此固周室陵遲、典禮錯亂，秦人之不若也。悲夫！

葬曹共公。

十年春，王三月辛卯，臧孫辰卒。夏，秦伐晉。

晉自令狐之戰不出師者三年，其厭戰之心亦可見也。而秦不顧人命，見利而動，又起此役，夷狄之道也。故曰「秦伐晉」以狄之。

楚殺其大夫宜申。自正月不雨，至于秋七月。及蘇子盟于女音汝，又如字**栗。**

内不出主名，微者。蘇子，天子卿。文公使微者盟天子卿，其惡可知。女栗，地闕。

冬，狄侵宋。楚子、蔡侯次于厥貉某百反**。**

十有一年春，楚子伐麇倶倫反**。夏，叔彭生會晉郤缺于承匡**一作筐**。**

承匡，宋地。

秋，曹伯來朝。公子遂如宋。狄侵齊。冬十月甲午，叔孫得臣敗狄于鹹。

十有二年春，王正月，郕伯來奔。

諸侯播越失地皆名，此不名者，非自失國也。案：莊八年師及齊師圍郕，郕降于齊師，自是入齊爲附庸。此而來奔，齊所偪爾，故不名。

杞伯來朝。二月庚子，子叔姬卒。

叔姬，文公女也，故曰「子叔姬」。書者，不服也。

夏，楚人圍巢。秋，滕子來朝。秦伯使術來聘。

術不氏，與九年楚椒義同。

冬十有二月戊午，晉人、秦人戰于河曲。

二國之讎既易世矣，二國之戰固可以已也。而秦康、晉靈猶尋舊怨，殘民以逞，是彰父之不德也。故孔子自令狐之戰，不復名其將帥。然令狐之戰，猶書「及」焉。此不言「及」者，惡其迭起報怨、互覆師徒，一目之也。河曲，晉地。

季孫行父帥師城諸及鄆。

帥師而城，畏莒故也。鄆，莒、魯所争者。

十有三年春，王正月。夏五月壬午，陳侯朔卒。邾子蘧其居反**蒢**丈居反**卒。自正月不雨，至于秋七月。大**音泰**室屋壞。**

大室，伯禽之廟也。周公曰太廟，伯禽曰太室，羣公曰宮。文公爲宗廟社稷主，而俾大室屋壞，其不恭也若此。

冬，公如晉。衛侯會公于沓。狄侵衛。十有二月己丑，公及晉侯盟。公還自晉。鄭伯會公于棐。

公本朝晉，既朝且盟，又貪二國之會，皆天子之事也。故詳録其地以惡之。沓，地闕；棐，鄭地。

十有四年春，王正月，公至自晉。邾人伐我南鄙。叔彭生帥師伐邾。夏五月乙亥，齊侯潘卒。

齊昭公。

六月，公會宋公、陳侯、衛侯、鄭伯、許男、曹伯、晉趙盾。癸酉，同盟于新城。

新城，宋地。

秋七月，有星孛音佩**入于北斗。**

孛，彗之屬。偏指曰「彗」，光芒四出曰「孛」。「入于北斗」者，入于魁中也。

公至自會。晉人納捷菑側其反**于邾，弗克納。**

邾文公二子，大子貜俱縛反且子余反立，捷菑奔晉。故晉人納捷菑于邾。或曰趙盾也，或曰郤缺也。邾人亂焉，晉人以庶奪嫡，亂人之國，此王法所誅也。故曰「晉人納捷菑于邾，弗克納」以疾之。

九月甲申，公孫敖卒于齊。

奔大夫不卒，此卒者，爲明年齊人歸其喪起。敖奔莒在八年。

齊公子商人弒其君舍。

舍，未踰年。稱君者，孔子疾亂臣賊子之甚，嫌未踰年與成君異也，故誅一公子商人爲萬世戒。

宋子哀來奔。

子哀，宋公族。子，姓；哀，名也。昭公無道，子哀不食其禄，懼亂來奔，故曰「宋子哀」。此亦公弟叔肸之比也。叔肸事見宣公十七年。

冬，單音善**伯如齊。齊人執單伯。齊人執子叔姬。**

單伯，魯大夫；子叔姬，昭公夫人，舍母也。舍既遇弒，魯使單伯視子叔姬，故商人執子叔姬。單伯至此猶見者，蓋其子孫世爾。

十有五年春，季孫行父如晉。三月，宋司馬華户駕反**孫來盟。**

宋自僖會諸侯于薄、釋宋公之後，未嘗與魯通問一旦。華孫來請結盟于我，以尋舊好，故曰「宋司馬華孫來盟」也。不言使者，與齊高子義同。僖會諸侯于薄、釋宋公在僖二十一年。

夏，曹伯來朝。齊人歸公孫敖之喪。

案：八年，天王崩，公孫敖如京師弔，廢命奔莒，罪當誅絶，雖死，義不得反。齊人歸之，魯人受之，皆非禮也。

六月辛丑，朔，日有食之，鼓、用牲于社。單伯至自齊。

此內大夫執則至，至則名。昭十三年晉人執季孫意如以歸，十四年意如至自晉是也。此不名者，天子命大夫也。

晉郤缺帥師伐蔡。戊申，入蔡。

蔡人不與新城之盟，晉郤缺帥師伐蔡，遂入其國，其惡可知也。新城之盟在前年。

秋，齊人侵我西鄙。季孫行父如晉。

行父，公子友孫。

冬十有一月，諸侯盟于扈。

公寬奢，怠于國事，諸侯皆會，而公獨不與，故諱之，略而不序也。

十有二月，齊人來歸子叔姬。

齊人來歸子叔姬也。商人既弑其子，又絶其母，甚矣！

齊侯侵我西鄙，遂伐曹，入其郛。

十有六年春，季孫行父會齊侯于陽穀，齊侯弗及盟。夏五月，公四不視朔。

天子班朔，諸侯藏于祖廟，每月朝廟，北面受而行之。文公不肖，怠棄國政，天子班朔而四不視之，此文公之不臣也甚矣！故自是視朔之禮遂廢，子貢欲去告朔之餼羊是也。

六月戊辰，公子遂及齊侯盟于郪音西**丘。**

復陽穀之盟也。郪丘，齊地。

秋八月辛未，夫人姜氏薨。

僖公夫人，文公母。

毀泉臺。

毀泉臺，惡勞民也。築之勞，毀之勞，既築之又毀之，可謂勞矣。

楚人、秦人、巴人滅庸。冬十有一月，宋人弒其君杵臼。

稱人，微者也，名氏不登于史策，故微者弒君稱人以誅之也。

十有七年春，晉人、衛人、陳人、鄭人伐宋。夏四月癸亥，葬我小君聲姜。

聲，謚也。九月而葬。

齊侯伐我西鄙。六月癸未，公及齊侯盟于穀。諸侯會于扈。

諸侯不序，義與十五年同。

秋，公至自穀。冬，公子遂如齊。

十有八年春，王二月丁丑，公薨于臺下。

臺下，非正也。

秦伯罃音甖**卒。**

秦康公。

夏五月戊戌，齊人弒其君商人。六月癸酉，葬我君文公。秋，公子遂、叔孫得臣如齊。冬十月，子卒。

子，子赤也；不日，弒也。弒則曷爲不日？不忍言也。案：成君弒不地，子赤未踰年，故不日以別之。不名，文公既葬也。文公葬，公子倭弒子赤自立，是爲宣公。

夫人姜氏歸于齊。

夫人，子赤母。子赤見弒，故大歸于齊。

季孫行父如齊。莒弒其君庶其。

稱國以弒，衆也。謂肆禍者非一，故衆弒君則稱國以誅之，言舉國之人可誅也。

卷七

宣公，名倭烏戈反，一名接，又作委，文公子，子赤庶兄，匡王五年即位。宣，謚也，善問周達曰宣。

元年春，王正月，公即位。公子遂如齊逆女。三月，遂以夫人婦姜至自齊。

遂不稱公子，前見也。諸侯親迎，禮之大者。此言「公子遂如齊逆女，遂以夫人婦姜至自齊」，皆非禮也。稱婦，有姑之辭；不言氏者，以喪取，貶之也。夫人貶，則公之惡從可見矣。文公薨十四月。

夏，季孫行父如齊。晉放其大夫胥甲父于衛。

放，逐也。晉放其大夫胥甲父于衛，非禮也。

公會齊侯于平州。

宣公弑子赤而立，懼齊見討，故會齊侯于平州。平州，齊地。

公子遂如齊。六月，齊人取濟子禮反**西田。**

平州之會方退，齊人取濟西田，其惡可知也。

秋，邾子來朝。楚子、鄭人侵陳，遂侵宋。

楚子、鄭人侵陳，遂侵宋，鄭叛晉也。

晉趙盾帥師救陳。宋公、陳侯、衛侯、曹伯會晉師于棐林，伐鄭。

此晉趙盾帥師救陳，會宋公、陳侯、衛侯、曹伯于棐林，伐鄭也。經言「宋公、陳侯、衛侯、曹伯會晉師于棐林，伐鄭」者，不與趙盾致四國之君也。

冬，晉趙穿帥師侵崇。

崇，秦與國。

晉人、宋人伐鄭。

鄭未服也。

二年春，王二月壬子，宋華户駕反**元帥師及鄭公子歸生帥師戰于大棘，宋師敗績，獲**

宋華元。

「宋華元帥師及鄭公子歸生帥師戰于大棘」，其衆敵也；「宋師敗績，獲宋華元」，惡鄭公子歸生與楚比周，戕艾中國，既敗宋師，又獲其帥，可謂甚矣。大棘，宋地。

秦師伐晉。夏，晉人、宋人、衛人、陳人侵鄭。

報大棘之戰。

秋九月乙丑，晉趙盾弑其君夷皐。冬十月乙亥，天王崩。

三年春，王正月，郊牛之口傷，改卜牛，牛死，乃不郊。猶三望。葬匡王。

天子七月而葬，匡王崩至此四月，非禮可知也。

楚子伐陸渾之戎。夏，楚人侵鄭。

鄭即晉故也。

秋，赤狄侵齊。宋師圍曹。冬十月丙戌，鄭伯蘭卒。葬鄭穆公。

四年春，王正月，公及齊侯平莒及郯。莒人不肯。公伐莒，取向舒亮反。

公及齊侯平莒及郯，可也；莒人不肯，惡在莒也。公伐莒，取向，此則甚矣。郯、莒皆小國。

秦伯稻卒。夏六月乙酉，鄭公子歸生弒其君夷。赤狄侵齊。秋，公如齊。公至自齊。

冬，楚子伐鄭。

五年春，公如齊。夏，公至自齊。秋九月，齊高固來逆子叔姬。

不言來逆女者，惡其成婚于魯也。成婚于魯，非禮也。莊二十八年莒慶來逆叔姬義同。

叔孫得臣卒。冬，齊高固及子叔姬來。

大夫非君命不越境。齊高固秋來逆子叔姬，而冬與子叔姬來，豈君命也哉？故曰「齊高固及子叔姬來」以惡之。

楚人伐鄭。

六年春，晉趙盾、衛孫免侵陳。

陳即楚故。晉趙盾、衛孫免侵陳，陳人請成。

夏四月。秋八月，螽。冬十月。

七年春，衛侯使孫良夫來盟。夏，公會齊侯伐萊。秋，公至自伐萊。大旱。冬，公會

晉侯、宋公、衛侯、鄭伯、曹伯于黑壤。

黑壤，晉地。

八年春，公至自會。夏六月，公子遂如齊，至黄乃復。

君命無所壅，公子遂聘于齊，至黄乃復，廢君命也。大夫以君命出，雖死以尸將命。遂以疾還，其罪可知也。

辛巳，有事于太廟。仲遂卒于垂。

仲遂，公子遂也。不言公子者，前見也。仲遂卒，與祭同日，故曰「辛巳，有事于太廟，仲遂卒于垂」。字者，天子命大夫。僖十六年公子季友卒，亦此義也。

壬午，猶繹。萬入，去籥。

「壬午，猶繹」，非禮也。「萬入，去籥」，知其不可繹而繹也。仲遂雖卒，猶當追正其罪，宣公不能正仲遂之罪，則當爲之廢繹。何者？君臣之恩未絶也。故曰「壬午，猶繹，萬入，去籥」以惡之。

戊子，夫人嬴氏薨。

宣公母。

晉師、白狄伐秦。楚人滅舒蓼。秋七月甲子，日有食之，既。冬十月己丑，葬我小君敬嬴。雨不克葬。庚寅，日中而克葬。

敬，謚；嬴，姓。「雨，不克葬」，譏無備也。凡喪，浴于中霤，飯于牖下，小斂于户内，大斂于阼階，殯于客位，祖于庭，葬于墓，所以即遠也。葬既有日，不爲雨止。且經言「己丑，葬我小君敬嬴，雨不克葬」，是己丑之日喪，既行而遇雨也。且雨之遲久不可得而知，設若浹日彌月，其可停柩路次不行乎？案：禮，平旦而葬，日中而虞。此言「庚寅，日中而克葬」，葬之無備可知也。

城平陽。楚師伐陳。

楚伐陳，取成而還。

九年春，王正月，公如齊。

公有母喪而遠朝强齊，公之無哀也甚矣！

公至自齊。夏，仲孫蔑如京師。

仲孫蔑，公孫敖之孫。

齊侯伐萊。秋，取根牟。

根牟，微國。内滅國曰「取」。此年取根牟，成六年取鄟音專，又市戀反，襄十三年取邿音詩是也。

八月，滕子卒。九月，晉侯、宋公、衛侯、鄭伯、曹伯會于扈。晉荀林父帥師伐陳。辛酉，晉侯黑臀卒于扈。

會于扈，陳侯不至，晉荀林父以諸侯之師伐陳，晉侯卒乃還。

冬十月癸酉，衛侯鄭卒。宋人圍滕。楚子伐鄭。晉郤缺帥師救鄭。

郤缺不克救鄭，鄭與楚平。

陳殺其大夫洩冶。

稱國以殺，不以其罪也。

十年春，公如齊。公至自齊。齊人歸我濟西田。

公連年朝齊，故齊人歸我濟西田。言「我」，明本魯地也。齊人取濟西田在元年。

夏四月丙辰，日有食之。己巳，齊侯元卒。齊崔氏出奔衛。

崔氏，齊大夫。言氏者，起其世也。東遷之後，天子、諸侯、大夫皆世。隱三年書尹氏，譏天子大夫。故此書崔氏，譏諸侯大夫也。

公如齊。五月，公至自齊。癸巳，陳夏徵舒弑其君平國。六月，宋師伐滕。公孫歸父如齊。葬齊惠公。

公孫歸父，公子遂子。

晉人、宋人、衛人、曹人伐鄭。

諸侯之師伐鄭，取成而還。

秋，天王使王季子來聘。

季，字；子，爵。天子之大夫稱字。

公孫歸父帥師伐邾，取繹。

繹，邾地。

大水。季孫行父如齊。冬，公孫歸父如齊。齊侯使國佐來聘。饑。

五穀不成曰饑。

楚子伐鄭。

十有一年春，王正月。夏，楚子、陳侯、鄭伯盟于辰陵。

陳、鄭即楚故也。辰陵，陳地。

公孫歸父會齊人伐莒。秋，晉侯會狄于欑才官反**函**音咸**。**

欑函，狄地。

冬十月，楚人殺陳夏徵舒。

此楚子殺陳夏徵舒也。其言楚人者，與楚討也。陳夏徵舒弑其君，天子不能誅，諸侯不能討，而楚人能之，故孔子與楚討也。孔子與楚討者，傷中國無人，喪亂陵遲之甚也。

丁亥，楚子入陳。納公孫寧、儀行父于陳。

上言「楚人殺陳夏徵舒」，下言「楚子入陳，納公孫寧、儀行父于陳」者，惡楚子行義不終也。楚子討陳弑君之賊，正也；因而入陳以納淫亂之人，此則甚矣。

十有二年春，葬陳靈公。楚子圍鄭。夏六月乙卯，晉荀林父帥師及楚子戰于邲扶必反，一音弼。**晉師敗績。**

鄭復從晉，故楚子圍之。六月晉荀林父帥師救鄭，乙卯戰于邲，晉師敗績，鄭遂與楚平。邲，鄭地。

秋七月。冬十有二月戊寅，楚子滅蕭。晉人、宋人、衛人、曹人同盟于清丘。

清丘，衛地。

宋師伐陳。衛人救陳。

十有三年春，齊師伐莒。夏，楚子伐宋。

楚子伐宋，以其伐陳也。

秋，螽。冬，晉殺其大夫先縠。

十有四年春，衛殺其大夫孔達。夏五月壬申，曹伯壽卒。晉侯伐鄭。

鄭與楚故。

秋九月，楚子圍宋。

楚之困宋也數矣！案：僖二十一年，宋公、楚子、陳侯、鄭伯、許男、曹伯會于盂，執宋公以伐宋，公會諸侯盟于薄，釋宋公；二十二年，宋公及楚人戰于泓，宋師敗績；二十七年，楚人、陳侯、蔡侯、鄭伯、許男圍宋，公會諸侯盟于宋。今又圍之，楚之困宋也，可謂數矣！

葬曹文公。冬，公孫歸父會齊侯于穀。

十有五年春，公孫歸父會楚子于宋。夏五月，宋人及楚人平。

此公孫歸父平宋楚也。楚子圍宋九月，天下諸侯莫有救者。魯素比于楚而親于宋，故使公孫歸父會而平之。經先言公孫歸父會楚子于宋，後言宋人及楚人平，此公孫平宋楚可知也。稱人，衆辭。

六月癸卯，晉師滅赤狄潞氏，以潞子嬰兒歸。

詩云：「薄伐玁狁，至于太原。」夷狄亂華〔一〕，諸侯驅之、逐之可也。晉師滅赤狄潞氏，以潞子嬰兒歸，此則甚矣。

秦人伐晉。王札子殺召伯、毛伯。

〔一〕「夷狄亂華」，四庫本作「侵軼疆圉」。

生殺之柄，天子所持也。是故春秋非天子不得專殺。王札子，人臣也。王札子人臣殺召伯、毛伯于朝，定王不能禁，專孰甚焉。故曰「王札子殺召伯、毛伯」以誅其惡。王札子，王子札也。曰「王札子」，文誤倒爾。召伯、毛伯，天子卿。

秋，螽。仲孫蔑會齊高固于無婁。

無婁，杞邑。

初稅畝。

古者什一而稅于民。「初稅畝」，非正也。此宣公奢泰，國用不足，又取私田以斂其一，始什二而稅也。故哀公問於有若曰：「年饑，國用不足如之何？」有若對曰：「盍徹乎！」曰：「二吾猶不足，如之何其徹也？」哀公言「二吾猶不足」，則魯自宣公以來什二而稅也，可知矣。

冬，蝝悦全反，又音尹絹反**生。**

秋中之螽未息，冬又生子，重爲災。

饑。

十有六年春，王正月，晉人滅赤狄甲氏及留吁。

潞氏餘種。

夏，成周宣榭火。

成周，東周也。宣榭，宣王之榭也。其曰「成周宣榭火」者，孔子傷之也。宣王振衰撥亂，中興之主。平惠以降，皆庸暗齷齪，無有能以王道興起之者。故因其災也傷之，傷聖王之烈既不可得而見，聖王之迹又從而災之也。

秋，郯伯姬來歸。

棄而來歸也。

冬，大有年。

宣公立十八年，唯此言「大有年」者，民大足食也。書者，以見宣公不道，重斂于民，常不足也。

十有七年春，王正月庚子，許男錫我卒。丁未，蔡侯申卒。夏，葬許昭公，葬蔡文公。

六月癸卯，日有食之。己未，公會晉侯、衛侯、曹伯、邾子，同盟于斷直管反，一音短**道。**

秋，公至自會。冬，十有一月壬午，公弟叔肸許乙反**卒。**

不曰「公子」「公孫」，而曰「公弟叔肸」者，無禄而卒也。凡稱「公子」「公孫」，皆大夫也。肸，文公子，宣公母弟。宣公殺子赤立，肸惡之，終身不食其禄，非大夫也。故曰「公弟叔肸卒」，所以重宣公之惡也。

十有八年春，晉侯、衛世子臧伐齊。公伐杞。夏四月。秋七月，邾人戕鄫才陵反**子于鄫。**

戕，殺也。案：僖十九年夏六月，宋公、曹人、邾人盟于曹南，鄫子會盟于邾，己酉，邾人執鄫子用之。邾人執鄫子用之，天子不能誅，故此肆然復戕鄫子于鄫也。地以鄫者，責鄫臣子不能拒難。

甲戌，楚子旅卒。

不書葬者，貶之也。吴、楚僭極惡重，王法所誅，故皆不書葬以貶之。

公孫歸父如晉。冬十月壬戌，公薨于路寢。歸父還自晉，至笙，遂奔齊。

此言「歸父還自晉，至笙，遂奔齊」者，惡不復命也。歸父得幸于宣公，秋聘于晉，冬還至笙，聞宣公薨，以是奔齊。人臣之義，受命而出，雖君薨，猶當復命。歸父還，至笙，不復命于魯，以是奔齊，非禮也。故曰「遂」以惡之。歸父，公子遂子。不言公孫者，前見也。

卷八

成公，名黑肱，宣公子，定王十七年即位。成，謚也，安民立政曰成。

元年春，王正月，公即位。二月辛酉，葬我君宣公。無冰。

周之二月，夏之十二月，無冰，冬温也。書曰：「僭恒暘若。」無冰，恒暘之應也。

三月，作丘甲。

作丘甲，丘無甲也。丘無甲，其曰「作丘甲」者，成公即位，不能修德以靖其國，俾丘人爲甲也，謂丘出甲士一人。古者九夫爲井，四井爲邑，四邑爲丘，出戎馬一匹、牛三頭，何甲士之有？故曰「三月，作丘甲」以惡之也。

夏，臧孫許及晉侯盟于赤棘。

臧孫許，臧孫辰子。赤棘，晉地。

秋，王師敗績于茅戎。

此王師及茅戎戰，王師敗績也。經言「王師敗績于茅戎」者，王者至尊，天下莫得而敵，非茅戎可得敗也，定王庸暗，無宣王之烈，王師爲茅戎所敗，惡之大者。故孔子以王師自敗爲文，所以存周也。

冬十月。

二年春，齊侯伐我北鄙。夏四月丙戌，衛孫良夫帥師及齊師戰于新築，衛師敗績。六月癸酉，季孫行父、臧孫許、叔孫僑如、公孫嬰齊帥師會晉郤克、衛孫良夫、曹公子首及齊侯戰于鞌，齊師敗績。秋七月，齊侯使國佐如師。己酉，及國佐盟于袁婁。

齊侯春伐我北鄙，夏敗衛師于新築，魯、衛使告于晉。六月，季孫行父、臧孫許、叔孫僑如、公孫嬰齊會晉郤克、衛孫良夫、曹公子首伐齊；癸酉，及齊侯戰于鞌，齊師敗績，晉師逐，齊侯使國佐如師請平，郤克許之；七月己酉，盟于袁婁。齊頃數病諸侯以起此戰，信不道矣！然魯出四卿會晉、衛、曹，敗齊侯于鞌，盟國佐于袁婁，此又甚焉！故列數之以著其惡。公孫嬰齊，叔肸子。新築，衛地；鞌、袁婁，齊地。

八月壬午，宋公鮑卒。庚寅，衛侯速卒。取汶陽田。

汶陽之田，魯地也。齊人侵之，今魯從晉故，復取之。不言取之齊者，明本非齊地。

冬，楚師、鄭師侵衛。十有一月，公會楚公子嬰齊于蜀。丙申，公及楚人、秦人、宋人、陳人、衛人、鄭人、齊人、曹人、邾人、薛人、鄫人盟于蜀。

冬，楚師、鄭師侵衛，公懼二師之及境也，乃會楚公子嬰齊，與諸侯之大夫盟于蜀。先言「公會楚公子嬰齊于蜀」，以見楚公子嬰齊伉也；後言「丙申，公及楚人、秦人、宋人、陳人、衛人、鄭人、齊人、曹人、邾人、薛人、鄫人盟于蜀」，以見公叛晉即楚之惡也。蜀，魯地。

三年春，王正月，公會晉侯、宋公、衛侯、曹伯伐鄭。

宋文、衛穆未葬，成公會晉伐鄭，其惡可知也。

辛亥，葬衛穆公。二月，公至自伐鄭。甲子，新宮災，三日哭。

新宮者，宣公也。案：哀三年桓宮、僖宮災稱謚，此不稱謚者，親廟也。親廟災，其曰「新宮」者，成公主祀，弗敢斥也，故曰「新宮災，三日哭」。三日哭，哀則哀矣，何所補也。

乙亥，葬宋文公。夏，公如晉。鄭公子去疾帥師伐許。公至自晉。秋，叔孫僑如帥師圍棘。

棘，附庸。

大雩。晉郤克、衛孫良夫伐廧在良反**咎**古刀反**如。冬十有一月，晉侯使荀庚來聘，衛侯使孫良夫來聘。丙午，及荀庚盟。丁未，及孫良夫盟。**

此公及荀庚、孫良夫盟也。不言公者，二子伉也。二子來聘，不能以信相親，反要公以盟，非伉而何？故言「聘」以惡之。荀庚先孫良夫盟，先至也。

鄭伐許。

其曰「鄭伐許」者，狄之也。狄之者，鄭襄背華，即夷與楚比周，一歲而再伐許，故狄之也。

四年春，宋公使華元來聘。三月壬申，鄭伯堅卒。杞伯來朝。夏四月甲寅，臧孫許卒。公如晉。葬鄭襄公。秋，公至自晉。冬，城鄆。鄭伯伐許。

五年春，王正月，杞叔姬來歸。

來歸者，棄而來歸也。

仲孫蔑如宋。夏，叔孫僑如會晉荀首于穀。梁山崩。

梁山崩，其辭略者，比沙鹿之異小也。春秋災異，小者略，大者詳。僖十四年秋八月辛卯，沙鹿崩是也。

秋，大水。冬十有一月己酉，天王崩。

定王也。

十有二月己丑，公會晉侯、齊侯、宋公、衛侯、鄭伯、曹伯、邾子、杞伯同盟于蟲牢。

蟲牢之盟，鄭服也。天王崩，晉合諸侯，同盟于蟲牢，不顧甚矣！蟲牢，鄭地。

六年春，王正月，公至自會。二月辛巳，立武宮。

武宮者，武公之宮也，其毀已久。宗廟有常，故不言立。此言「二月辛巳，立武宮」，非禮可知也。

取鄟音專，又市臠反。

宣九年取根牟，此年取鄟，襄十三年取邿，皆微國也。

衛孫良夫帥師侵宋。夏六月，邾子來朝。公孫嬰齊如晉。壬申，鄭伯費音秘**卒。秋，仲孫蔑、叔孫僑如帥師侵宋。楚公子嬰齊帥師伐鄭。**

鄭從晉故也，前年受盟蟲牢。

冬，季孫行父如晉。晉欒書帥師救鄭。

七年春，王正月，鼷鼠食郊牛角，改卜牛。鼷鼠又食其角，乃免牛。吴伐郯。

吴本子爵，始見于經曰「吴」者，惡其僭號，狄〔一〕之也。

夏五月，曹伯來朝。不郊，猶三望。秋，楚公子嬰齊帥師伐鄭。公會晉侯、齊侯、宋公、衛侯、曹伯、莒子、邾子、杞伯救鄭。八月戊辰，同盟于馬陵。

諸侯救鄭，八月戊辰同盟于馬陵，病楚故也。馬陵，衛地。

公至自會。吴入州來。

吴乘楚伐鄭，故入州來。州來，微國。

〔一〕「狄」，四庫本作「外」。

冬，大雩。衛孫林父出奔晉。

八年春，晉侯使韓穿來言汶陽之田，歸之于齊。

汶陽之田，齊所侵魯地也。故二年用師于齊，取之。晉侯使韓穿來言，歸之于齊，非正也。魯之土地，天子所封，非晉侯所得制也。晉侯使歸之于齊，是魯國之命制在晉也。故曰「晉侯使韓穿來言汶陽之田，歸之于齊」以惡之。

晉欒書帥師侵蔡。公孫嬰齊如莒。宋公使華元來聘。夏，宋公使公孫壽來納幣。

宋公使公孫壽來納幣，非禮也。

晉殺其大夫趙同、趙括。秋七月，天子使召伯來賜公命。

成雖即位八年，非有勤王之績。天子使召伯來賜公命，濫賞也。天子、天王，王者之通稱。

冬十月癸卯，杞叔姬卒。

杞叔姬五年來歸，此而卒者，爲明年杞伯來逆叔姬之喪起。

晉侯使士燮來聘。叔孫僑如會晉士燮。齊人、邾人伐郯。衛人來媵以正反，又音繩正反。

媵伯姬也。媵書者，古諸侯嫁女，二國媵之，二國禮也，三國非禮也。此年衛人來媵、九年晉人來媵、十年齊人來媵是也。唯王后三國媵。

九年春，王正月，杞伯來逆叔姬之喪以歸。

叔姬見棄而死，義與杞絶。此言「杞伯來逆叔姬之喪以歸」者，交譏之也。

公會晉侯、齊侯、宋公、衛侯、鄭伯、曹伯、莒子、杞伯同盟于蒲。公至自會。二月，伯姬歸于宋。

不言逆者，微也。

夏，季孫行父如宋致女。

致女，常事也，故隱二年伯姬歸于紀，僖十五年季姬歸于鄫，皆不書「致」。此言「季孫行父如宋致女」者，内女嫁爲鄰國夫人，當有常使，禮也；使卿，非禮也。

晉人來媵。秋七月丙子，齊侯無野卒。晉人執鄭伯。晉欒書帥師伐鄭。

鄭叛晉故也。

冬十有一月，葬齊頃音傾**公。楚公子嬰齊帥師伐莒。庚申，莒潰。楚人入鄆。秦人、**

白狄伐晉。鄭人圍許。城中城。

十年春，衛侯之弟黑背帥師侵鄭。夏四月，五卜郊不從，乃不郊。五月，公會晉侯、齊侯、宋公、衛侯、曹伯伐鄭。

五月諸侯伐鄭，鄭請成。

齊人來媵。丙午，晉侯獳奴侯反卒。秋七月，公如晉。

公如晉，奔喪也。

冬十月。

十月一年春，王三月，公至自晉。

公留于晉九月。

晉候使郤犨尺由反來聘。己丑，及郤犨盟。夏，季孫行父如晉。秋，叔孫僑如如齊。冬十月。

十有二年春，周公出奔晉。

周無出也，天下皆周也。此言「周公出奔晉」者，惡周公自絕于周也。

夏，公會晉侯、衛侯于瑣澤。秋，晉人敗狄于交剛。

瑣澤、交剛，地闕。

冬十月。

十有三年春，晉侯使郤錡魚綺反**來乞師。三月，公如京師。夏五月，公自京師，遂會晉侯、齊侯、宋公、衛侯、鄭伯、曹伯、邾人、滕人伐秦。**

晉侯將伐秦，春使郤錡來乞師，三月公如京師者，因會諸侯伐秦過京師而朝也。因會諸侯伐秦過京師而朝，禮與？公朝京師，禮也；因會諸侯伐秦過京師而朝，非禮也。案：周官：「六年，五服一朝；又六年，王乃時巡諸侯，各朝于方岳，大明黜陟。」未有因會諸侯伐國過京師朝之之事。故曰「春，晉侯使郤錡來乞師；三月，公如京師；夏五月，公自京師，遂會晉侯、齊侯、宋公、衛侯、鄭伯、曹伯、邾人、滕人伐秦」以惡之也。

曹伯盧卒于師。秋七月，公至自伐秦。

不以京師至者，明本非朝京師。

冬，葬曹宣公。

十有四年春，王正月，莒子朱卒。夏，衛孫林父自晉歸于衛。

林父七年奔晉，其言「自晉歸于衛」者，由晉侯而得歸也。衛大夫由晉侯而得歸，則衛國之事可知也。

秋，叔孫僑如如齊逆女。鄭公子喜帥師伐許。九月，僑如以夫人婦姜氏至自齊。

「叔孫僑如如齊逆女」，「僑如以夫人婦姜氏至自齊」，皆非禮也，惡不親迎也。

冬十月庚寅，衛侯臧卒。秦伯卒。

十有五年春，王二月，葬衛定公。三月乙巳，仲嬰齊卒。

仲嬰齊，公孫歸父子、公子仲遂孫也。孫以王父字爲氏。公之子曰公子，公子之子曰公孫，公孫之子以王父字爲氏也。

癸丑，公會晉侯、衛侯、鄭伯、曹伯、宋世子成、齊國佐、邾人，同盟于戚。晉侯執曹伯歸于京師。

晉侯執曹伯，稱爵者，執得其罪也。曹伯不道，晉侯會諸侯于齊，討而執之，又歸于京師。書者，非天子命也。

公至自會。夏六月，宋公固卒。楚子伐鄭。秋八月庚辰，葬宋共音恭**公。宋華元出奔晉。宋華元自晉歸于宋。宋殺其大夫山。**

宋殺其大夫山、楚殺其大夫得臣，皆未命大夫也，故不氏。

宋魚石出奔楚。冬十有一月，叔孫僑如會晉士燮、齊高無咎、宋華元、衛孫林父、鄭公子鰌、邾人會吳于鍾離。

此言叔孫僑如會某人某人會吳于鍾離者，諸侯大夫不敢致吳子也。吳子在鍾離，故相與會吳于鍾離爾。

許遷于葉式涉反。

十有六年春，王正月，雨，木冰。

「雨，木冰」者，雨著木而冰也。

夏四月辛未，滕子卒。鄭公子喜帥師侵宋。

鄭叛晉，故侵宋。

六月丙寅，朔，日有食之。晉侯使欒黶於斬反，又音於玷反**來乞師。甲午，晦，晉侯及楚**

子、鄭伯戰于鄢於晚反，又音於建反**陵，楚子、鄭師敗績。**

鄭公子喜叛晉侵宋，故晉侯使欒黶來乞師。六月晉侯伐鄭，鄭人使告于楚，楚子救鄭。甲午，晦，晉侯及楚子、鄭伯戰于鄢陵，楚子傷焉，楚子、鄭師敗績。楚不言師，舉重也。戰不言公者，公不出師也。案：十三年春晉侯使郤錡來乞師，三月公如京師，夏五月，公自京師，遂會晉侯、齊侯、宋公、衛侯、鄭伯、曹伯、邾人、滕人伐秦；十七年秋晉侯使荀罃來乞師，冬，公會單子、晉侯、宋公、衛侯、曹伯、齊人、邾人伐鄭。此不言公，不出師可知也。鄢陵，鄭地。

楚殺其大夫公子側。秋，公會晉侯、齊侯、衛侯、宋華元、邾人于沙隨，不見公。

不見公者，晉侯不見公也。鄢陵之戰，公不出師，故晉侯不見公。沙隨，宋地。

公至自會。公會尹子、晉侯、齊國佐、邾人伐鄭。

尹子，天子卿，子，爵。

曹伯歸自京師。

前年，晉侯會諸侯于戚，執曹伯歸于京師。此言「曹伯歸自京師」者，天子赦之之辭也。春秋亂世，强侯不道，執辱小國之君，皆非天子命，執之、赦之自我而已。僖二十八年，晉侯入曹執曹伯，畀宋人，晉人執衛侯歸之于京師，冬，曹伯襄復歸于曹；三十年衛侯鄭歸于衛是也。惟負芻得反于曹，由天子命，故曰「曹伯歸自京師」異其文以別之。

九月，晉人執季孫行父，舍之于苕音條**丘。**

沙隨之會，晉侯既不見公，今又執季孫行父，舍之于苕丘。魯一不出師而晉再辱于魯，其惡可知也。苕丘，晉地。

冬十月乙亥，叔孫僑如出奔齊。十有二月乙丑，季孫行父及晉郤犫盟于扈。公至自會。

行父不至者，舉公至爲重也。

乙酉，刺公子偃。

十有七年春，衛北宫括帥師侵鄭。夏，公會尹子、單子、晉侯、齊侯、宋公、衛侯、曹伯、邾人伐鄭。六月乙酉，同盟于柯陵。秋，公至自會。齊高無咎出奔莒。九月辛丑，用郊。

「九月辛丑，用郊」，瀆亂尤甚。

晉侯使荀罃來乞師。冬，公會單子、晉侯、宋公、衛侯、曹伯、齊人、邾人伐鄭。

鄭與楚比周，晉侯再假王命，三合諸侯伐之，不能服鄭，中國不振可知也。

十有一月，公至自伐鄭。壬申，公孫嬰齊卒于貍脤市軫反。

貍脤，魯地。

十有二月丁巳，朔，日有食之。邾子貜俱縛反，又音居壁反**且**子余反**卒。晉殺其大夫郤錡、郤犨**尺由反**、郤至。**

君之卿佐是謂股肱。厲公不道，一日而殺三卿，此自禍之道也。誰與處矣？故列數之，以著其惡。明年，晉弒州蒲。

楚人滅舒庸。

十有八年春，王正月，晉殺其大夫胥童。庚申，晉弒其君州蒲。齊殺其大夫國佐。公如晉。夏，楚子、鄭伯伐宋。宋魚石復入于彭城。

此楚子伐宋，取宋彭城與魚石守之以逼宋也。其曰「宋魚石復入于彭城」者，不與楚子伐宋，取宋彭城以與宋叛臣也。故以魚石自入犯君爲文。

公至自晉。晉侯使士匄來聘。秋，杞伯來朝。八月，邾子來朝。築鹿囿。己丑，公薨于路寢。冬，楚人、鄭人侵宋。晉侯使士魴來乞師。十有二月，仲孫蔑會晉侯、宋公、衛侯、邾子、齊崔杼同盟于虚起居反朾他丁反。

楚人、鄭人侵宋，晉侯使士魴來乞師，故仲孫蔑會晉侯、宋公、衛侯、邾子、齊崔杼同盟于虚朾，將救宋也。虚朾，地闕。

丁未，葬我君成公。

卷九

襄公名午，成公子，簡王十四年即位。襄，謚也，因事有功曰襄。

元年春，王正月，公即位。仲孫蔑會晉欒黶、宋華元、衛甯殖、曹人、莒人、邾人、滕人、薛人圍宋彭城。

仲孫蔑會諸侯之大夫圍宋彭城，討魚石也。魚石成十五年奔楚，十八年復入于彭城，蓋楚子伐宋，取彭城，使魚石守之以逼宋爾。夫彭城，宋邑也；魚石，宋叛臣也。楚子伐宋取宋邑，使宋叛臣守之以逼宋，其惡可知也。故雖入于楚，孔子還繫之于宋，所以抑彊夷而黜叛臣也。

夏，晉韓厥帥師伐鄭。仲孫蔑會齊崔杼、曹人、邾人、杞人次于鄫。

韓厥伐鄭，故諸大夫次于鄫以備楚。鄫，鄭地。

秋，楚公子壬夫帥師侵宋。

楚師侵宋，所以救鄭也。

九月辛酉，天王崩。邾子來朝。冬，衛侯使公孫剽匹妙反**來聘，晉侯使荀罃來聘。**

天王崩，邾子來朝，衛侯使公孫剽來聘，晉侯使荀罃來聘，皆不臣也。

二年春，王正月，葬簡王。

五月而葬。

鄭師伐宋。夏五月庚寅，夫人姜氏薨。

成公夫人。

六月庚辰，鄭伯睔卒。晉師、宋師、衛甯殖侵鄭。秋七月，仲孫蔑會晉荀罃、宋華元、衛孫林父、曹人、邾人于戚。

會于戚，謀鄭也。

己丑，葬我小君齊姜。

齊，謚也。三月而葬。

叔孫豹如宋。

叔孫豹，僑如弟。

冬，仲孫蔑會晉荀罃、齊崔杼、宋華元、衛孫林父、曹人、邾人、滕人、薛人、小邾人于戚，遂城虎牢。

冬，荀罃再會于戚，遂城虎牢以逼鄭，鄭乃求成。虎牢，鄭邑也。不繫之鄭者，與荀罃城之也。鄭叛去中國，與楚比周，荀罃再會于戚，城虎牢以逼之，然後乃服，故不繫之于鄭，使若自城中國之邑。然城虎牢服鄭以安中國，善也；乘人之喪取人之邑，此其可哉？故曰「遂城虎牢」以惡之也。

楚殺其大夫公子申。

三年春，楚公子嬰齊帥師伐吴。

吴、楚皆夷，楚公子嬰齊伐吴者，吴與中國故也。成十五年，叔孫僑如會晉士燮、齊高無咎、宋華元、衛孫林父、鄭公子鰌、邾人會吴于鍾離是也。

公如晉。夏四月壬戌，公及晉侯盟于長樗。

晉侯出其國都，與公盟于外地。

公至自晉。六月，公會單子、晉侯、宋公、衛侯、鄭伯、莒子、邾子、齊世子光，己未同盟于雞澤。陳侯使袁僑如會。戊寅，叔孫豹及諸侯之大夫及陳袁僑盟。

先言「公會單子、晉侯、宋公、衛侯、鄭伯、莒子、邾子、齊世子光，己未同盟于雞澤」，次言「陳侯使袁僑如會，戊寅，叔孫豹及諸侯之大夫及陳袁僑盟」者，此諸侯既盟，而陳袁僑至也。諸侯既盟而陳袁僑至，無盟可也。己未諸侯盟，戊寅大夫又盟，是大夫彊，諸侯始失政也，故十六年公會晉侯、宋公、衛侯、鄭伯、曹子、莒子、邾子、薛伯、杞伯、小邾子于溴梁，戊寅大夫盟，不復言諸侯之大夫。不復言諸侯之大夫者，政在大夫故也。故孔子曰：「禄之去公室五世矣，政逮於大夫四世矣。」孔子之言，非獨魯也，滔滔者天下皆是也。

秋，公至自會。冬，晉荀罃帥師伐許。

四年春，王三月己酉，陳侯午卒。夏，叔孫豹如晉。秋七月戊子，夫人姒氏薨。

襄公妾母姒氏。

葬陳成公。八月辛亥，葬我小君定姒。

定，謚也。二月而葬。

冬，公如晉。陳人圍頓。

五年春，公至自晉。夏，鄭伯使公子發來聘。叔孫豹、鄫世子巫如晉。

外如不書。鄫世子書者，以同吾叔孫豹如晉也。

仲孫蔑、衛孫林父會吴于善道。秋，大雩。楚殺其大夫公子壬夫。公會晉侯、宋公、陳侯、衛侯、鄭伯、曹伯、莒子、邾子、滕子、薛伯、齊世子光、吴人、鄫人于戚。

吴稱人序鄫上者，進之也。案：成六年吴伐郯，始見于經；十五年會于鍾離，此年會于善道，又會于戚，數與中國，故進之稱人以比小國；鄫亦小國也，然鄫微弱滋甚，不可先也，故吴序鄫上。

公至自會。冬，戍陳。

此會戚諸侯戍陳也。不言諸侯者，魯戍之也。諸侯急于救患，戍之與僖二年城楚丘義同。

楚公子貞帥師伐陳。

陳即中國也。三年陳侯使袁僑如會。

公會晉侯、宋公、衛侯、鄭伯、曹伯、齊世子光救陳。十有二月，公至自救陳。辛未，季孫行父卒。

六年春，王三月，壬午，杞伯姑容卒。夏，宋華弱來奔。秋，葬杞桓公。滕子來朝。莒人滅鄫。

昭四年書取鄫，此而言滅者，蓋莒滅之以爲附庸爾。

冬，叔孫豹如邾，季孫宿如晉。

季孫宿，行父子。

十有二月，齊侯滅萊。

七年春，郯子來朝。夏四月，三卜郊不從，乃免牲。小邾子來朝。城費音秘。

費，季氏邑。季氏四月城所食邑，其專可知也。

秋，季孫宿如衛。八月，螽。冬十月，衛侯使孫林父來聘。壬戌，及孫林父盟。楚公

子貞帥師圍陳。十有二月，公會晉侯、宋公、陳侯、衛侯、曹伯、莒子、邾子于鄬于軌反，又音几吹反。

楚公子貞圍陳，故諸侯復會于鄬。鄬，鄭地。

鄭伯髡頑如會，未見諸侯，丙戌卒于鄵七報反，又采南反。

卒不名者，一見之也。上言「鄭伯髡頑如會」，下言「未見諸侯，丙戌卒于鄵」，此鄭伯髡頑可知也。二十五年「吴子遏伐楚，門于巢，卒」同此。鄵，鄭邑。

陳侯逃歸。

案：三年晉合諸侯同盟于雞澤，陳侯使袁僑如會以即中國，故楚公子貞五年帥師伐陳；此年帥師圍陳，晉再合諸侯于鄬，不能爲攘楚以安中國，故陳侯逃歸。陳侯以是逃歸者，晉不足與也。言逃，懼楚之甚。

八年春，王正月，公如晉。

公前年會諸侯于鄬，不至者，公自鄬朝晉也。

夏，葬鄭僖公。鄭人侵蔡，獲蔡公子燮。季孫宿會晉侯、鄭伯、齊人、宋人、衛人、

邾人于邢丘。

邢丘之會，公在晉也。晉侯不與公會，而與季孫宿會者，襄公微弱，政在季氏故也。晉爲盟主，棄其君而與臣，何以宗諸侯？此晉侯之惡亦可見矣。

公至自晉。莒人伐我東鄙。秋九月，大雩。冬，楚公子貞帥師伐鄭。

夏，鄭人侵蔡，故楚公子貞伐鄭，鄭與楚平。

晉侯使士匄來聘。

九年春，宋災。夏，季孫宿如晉。五月辛酉，夫人姜氏薨。

宣公夫人，成公母。

秋八月癸未，葬我小君穆姜。

穆，謚也。四月而葬。

冬，公會晉侯、宋公、衛侯、曹伯、莒子、邾子、滕子、薛伯、杞伯、小邾子、齊世子光伐鄭。

鄭即楚，故諸侯伐鄭，取成而還。

十有二月己亥，同盟于戲許宜反。**楚子伐鄭。**

鄭復與楚平。

十年春，公會晉侯、宋公、衛侯、曹伯、莒子、邾子、滕子、薛伯、杞伯、小邾子、齊世子光會吴于柤。

吴五年會于戚稱人，此不稱人者，以其遂滅偪陽，反狄之也。柤，楚地。

夏五月甲午，遂滅偪陽。

偪陽，微國。諸侯不義，遠會彊夷以滅微國，甚矣！

公至自會。楚公子貞、鄭公孫輒帥師伐宋。晉師伐秦。秋，莒人伐我東鄙。公會晉侯、宋公、衛侯、曹伯、莒子、邾子、齊世子光、滕子、薛伯、杞伯、小邾子伐鄭。

楚公子貞、鄭公孫輒帥師伐宋，故公會晉侯、宋公、衛侯、曹伯、莒子、邾子、齊世子光、滕子、薛伯、杞伯、小邾子伐鄭。

冬，盜殺鄭公子騑、公子發、公孫輒。

盜者，微賤之稱。盜一日而殺三卿，故列數之，惡鄭伯失刑政也。

戍音庶**鄭虎牢。**

此伐鄭，諸侯戍鄭虎牢也。不言諸侯者，諸侯不一，怠于救患也。案：二年仲孫蔑于戚，遂城虎牢，不言鄭，今戍虎牢言鄭者，諸侯與楚争鄭久矣，諸侯之得鄭者亦已數矣，而不能有之，隨爲楚取，是諸侯之無能也。故虎牢雖爲諸侯所戍，孔子還繫于鄭。

楚公子貞帥師救鄭。公至自伐鄭。

十有一年春，王正月，作三軍。

作三軍，亂聖王之制也。古者天子六軍，大國三軍，次國二軍，小國一軍。魯次國，以次國而作三軍，亂聖王之制何也？

夏四月，四卜郊不從，乃不郊。鄭公孫舍之帥師侵宋。公會晉侯、宋公、衛侯、曹伯、齊世子光、莒子、邾子、滕子、薛伯、杞伯、小邾子伐鄭。秋七月己未，同盟于亳城北。

諸侯伐鄭，公孫舍之侵宋未已也。鄭人、諸侯七月己未同盟于亳城北。亳城北，鄭地。

公至自伐鄭。楚子、鄭伯伐宋。公會晉侯、宋公、衛侯、曹伯、齊世子光、莒子、邾子、滕子、薛伯、杞伯、小邾子伐鄭，會于蕭魚。

鄭伯尋背亳城之盟，爲楚子伐宋，故晉悼復以諸侯伐鄭。鄭人大懼，乃歸中國。言伐、言會者，得鄭伯之辭也。下楚人執鄭行人良霄，此得鄭伯可知也。案：鄭自齊桓、晉文死，或即夷狄〔一〕、或歸中國，晉楚之争鄭者可謂久矣。晉悼比歲大合諸侯伐鄭，今始得之，雖不能遠斥强楚，以紹二伯之烈，然自是能有鄭者二十年，此晉悼之績亦可道也。蕭魚，鄭地。

公至自會。楚人執鄭行人良霄。

鄭伯使良霄告急于楚，楚師未出，鄭伯與諸侯會于蕭魚，故楚人執鄭行人良霄。

冬，秦人伐晉。

十有二年春，王三月，莒人伐我東鄙，圍台勑才反，又音臺，又音怡。

莒背蕭魚之會，伐我東鄙，圍台。

季孫宿帥師救台，遂入鄆音運。

季孫宿受命救台，不受命入鄆。季孫宿帥師救台，遂入鄆，專也。

〔一〕「夷狄」，四庫本作「荆楚」。

夏，晉侯使士魴來聘。秋九月，吴子乘卒。

不書葬者，罪大惡重，貶之也。

冬，楚公子貞帥師侵宋。公如晉。

十有三年春，公至自晉。夏，取邿音詩。

邿，小國。

秋九月庚辰，楚子審卒。冬，城防。

十有四年春，王正月，季孫宿、叔老會晉士匄、齊人、宋人、衛人、鄭公孫蠆、曹人、莒人、邾人、滕人、薛人、杞人、小邾人會吴于向舒亮反。

吴至此猶不稱人者，滅偪陽之後，未有可進。叔老，公孫嬰齊子；向，宋地。

二月乙未，朔，日有食之。夏四月，叔孫豹會晉荀偃、齊人、宋人、衛北宫括、鄭公孫蠆、曹人、莒人、邾人、滕人、薛人、杞人、小邾人伐秦。

會向伐秦。齊、宋、衛稱人，微者也。

己未，衛侯出奔齊。

不名者，甯殖、孫林父逐之也。

莒人侵我東鄙。秋，楚公子貞帥師伐吳。冬，季孫宿會晉士匄、宋華閲、衛孫林父、鄭公孫蠆、莒人、邾人于戚。

十有五年春，宋公使向戌來聘。二月己亥，及向戌盟于劉。

劉，魯地。

劉夏逆王后于齊。

天子不親迎，取后則三公逆之。劉夏，士也。王后，天下母，使微者逆之，可哉？故曰「劉夏逆王后于齊」以著其惡。劉，采地；夏，名。

夏，齊侯伐我北鄙，圍成。公救成至遇。

公救成至遇，不敢進也。遇，魯地。

季孫宿、叔孫豹帥師城成郛。秋八月丁巳，日有食之。邾人伐我南鄙。冬十有一月癸亥，晉侯周卒。

十有六年春，王正月，葬晉悼公。三月，公會晉侯、宋公、衛侯、鄭伯、曹伯、莒子、

邾子、薛伯、杞伯、小邾子于溴古役反，又音公壁反**梁。戊寅，大夫盟。**

案：三年「公會單子、晉侯、宋公、衛侯、鄭伯、莒子、邾子、齊世子光，己未同盟于雞澤；陳侯使袁僑如會；戊寅，叔孫豹及諸侯之大夫及陳袁僑盟」，言諸侯之大夫，此直曰「戊寅，大夫盟」，不言諸侯之大夫者，雞澤之會，諸侯始失政也，至于溴梁，則又甚矣。溴梁之會，政在大夫也。政在大夫，故不言諸侯之大夫。不言諸侯之大夫者，大夫無諸侯故也。溴梁，晉地。

晉人執莒子、邾子以歸。

晉平溴梁之會，方退，執莒子、邾子以歸，又不歸于京師，非所以宗諸侯也。

齊侯伐我北鄙。夏，公至自會。五月甲子，地震。叔老會鄭伯、晉荀偃、衛甯殖、宋人伐許。秋，齊侯伐我北鄙，圍成。大雩。冬，叔孫豹如晉。

十有七年春，王二月庚午，邾子牼苦耕反，又音户耕反**卒。**

前年晉人執莒子、邾子以歸，此書邾子牼卒者，晉人尋赦之也。莒子同此。

宋人伐陳。夏，衛石買帥師伐曹。秋，齊侯伐我北鄙，圍桃。高厚帥師伐我北鄙，

圍防。

案：十五年齊侯伐我北鄙，圍成；十六年齊侯伐我北鄙，圍成；此年齊侯伐我北鄙，圍桃，高厚伐我北鄙，圍防。三年之中，君臣加兵于魯者四，此齊之不道亦可知也。

九月，大雩。宋華臣出奔陳。冬，邾人伐我南鄙。

十有八年春，白狄來。夏，晉人執衛行人石買。秋，齊師伐我北鄙。冬十月，公會晉侯、宋公、衛侯、鄭伯、曹伯、莒子、邾子、滕子、薛伯、杞伯、小邾子同圍齊。

齊爲不道，數侵諸侯，故諸侯同圍之。言「同」者，諸侯同心疾齊也。

曹伯負芻卒于師。楚公子午帥師伐鄭。

十有九年春，王正月，諸侯盟于祝柯。晉人執邾子。公至自伐齊。取邾田，自漷虎百反，又音郭，音廓，又音口獲反水。

諸侯土地受之天子，不可取也。言「取」，惡内也；「自漷水」者，隨漷水爲界也。

季孫宿如晉。葬曹成公。夏，衛孫林父帥師伐齊。秋七月辛卯，齊侯環卒。晉士匄帥師侵齊，至穀聞齊侯卒乃還。

非禮也。宣成而下，政在大夫，故士匄受命侵齊，聞齊侯卒乃還也。噫！不伐喪，善也。士匄貪不伐喪之善以廢君命，惡也。故曰「晉士匄帥師侵齊，至穀聞齊侯卒乃還」以惡之。

八月丙辰，仲孫蔑卒。齊殺其大夫高厚。鄭殺其大夫公子嘉。冬，葬齊靈公。城西郛。叔孫豹會晉士匄于柯。城武城。

城西郛，城武城，懼齊也。

二十年春，王正月辛亥，仲孫速會莒人，盟于向。

仲孫速，仲孫蔑子。

夏六月庚申，公會晉侯、齊侯、宋公、衛侯、鄭伯、曹伯、莒子、邾子、滕子、薛伯、杞伯、小邾子盟于澶音蟬**淵。**

齊平故也。

秋，公至自會。仲孫速帥師伐邾。

仲孫速背澶淵之盟，伐邾。

蔡殺其大夫公子燮。蔡公子履出奔楚。陳侯之弟黄出奔楚。叔老如齊。冬，十月丙辰，朔，日有食之。季孫宿如宋。

二十有一年春，王正月，公如晉。邾庶其以漆、閭丘來奔。

庶其，邾大夫；不氏，未命也。漆、閭丘，邾邑。昭五年，莒牟夷以牟婁及防滋來奔同此。書者，惡魯受邾叛人邑。

夏，公至自晉。秋，晉欒盈出奔楚。九月庚戌，朔，日有食之。冬十月庚辰，朔，日有食之。曹伯來朝。公會晉侯、齊侯、宋公、衛侯、鄭伯、曹伯、莒子、邾子于商任音壬。

商任，地闕。

二十有二年春，王正月，公至自會。夏四月。秋七月辛酉，叔老卒。冬，公會晉侯、齊侯、宋公、衛侯、鄭伯、曹伯、莒子、邾子、薛伯、杞伯、小邾子于沙隨。公至自會。楚殺其大夫公子追舒。

二十有三年春，王二月癸酉，朔，日有食之。三月己巳，杞伯匄卒。夏，邾畀我來奔。

此言「邾畀我來奔」者，惡内也。惡鄉受邾叛人邑，今又納邾叛人也。

葬杞孝公。陳殺其大夫慶虎及慶寅。陳侯之弟黄自楚歸于陳。

出、自稱弟者，無失弟之道也。黄奔楚在二十年。

晉欒盈復入于晉，入于曲沃。

此欒盈以曲沃之甲入晉，敗而奔曲沃也。經言「欒盈復入于晉，入于曲沃」者，欒盈復入于晉，犯君當誅，曲沃大夫不可納也。入于曲沃，明曲沃大夫納之，當坐。盈出奔楚在二十一年。

秋，齊侯伐衛，遂伐晉。

齊侯伐衛，遂伐晉，背澶淵之盟，在二十年。

八月，叔孫豹帥師救晉，次于雍於用反**榆。**

次，止也。言救、言次，惡不急救患也。君命救晉，豹畏齊，廢命而止，故曰「叔孫豹帥師救晉，次于雍榆」以惡之。雍榆，晉地。

己卯，仲孫速卒。

孟莊子也。

冬十月乙亥，臧孫紇出奔邾。晉人殺欒盈。

不言其大夫者，欒盈出奔楚，當絶也。稱人以殺，從討賊辭。

齊侯襲莒。

二十有四年春，叔孫豹如晉。仲孫羯帥師侵齊。

羯，仲孫速子，孟孝伯也。

夏，楚子伐吴。秋七月甲子，朔，日有食之，既。齊崔杼帥師伐莒。大水。八月癸巳，朔，日有食之。公會晉侯、宋公、衛侯、鄭伯、曹伯、莒子、邾子、滕子、薛伯、杞伯、小邾子于夷儀。

諸侯會于夷儀，謀齊也。

冬，楚子、蔡侯、陳侯、許男伐鄭。公至自會。陳鍼其廉反宜咎出奔楚。叔孫豹如京師。大饑。

五穀不升之甚。

二十有五年春，齊崔杼帥師伐我北鄙。夏五月乙亥，齊崔杼弑其君光。公會晉侯、宋

公、衛侯、鄭伯、曹伯、莒子、邾子、滕子、薛伯、杞伯、小邾子于夷儀。

晉再合諸侯，將伐齊，齊人懼，弑莊公以求成，晉侯許之。八月己巳，諸侯同盟于重丘是也。莊公復背澶淵之盟，加兵晉、衛，信不道矣。然齊人弑莊公以求成，逆之大者。晉侯不能即而討之，以成齊國之亂，曷以宗諸侯？宜乎大夫日熾，自是卒不可制也。故先書崔杼之弑以著其惡。

六月壬子，鄭公孫舍之帥師入陳。

前年楚子、蔡侯、陳侯、許男伐鄭，故鄭公孫舍之帥師入陳。

秋八月己巳，諸侯同盟于重丘。公至自會。衛侯入于夷儀。

此衛侯衎也。入于夷儀，將篡剽匹妙反。

楚屈建帥師滅舒鳩。冬，鄭公孫夏帥師伐陳。十有二月，吴子遏伐楚，門于巢，卒。

吴子伐楚，自攻于巢之門，巢人伏而殺之，故曰「吴子遏伐楚，門于巢，卒」惡吴子之自輕也。卒不名者，與七年鄭伯髡頑義同。

二十有六年春，王二月辛卯，衛甯喜弑其君剽。衛孫林父入于戚以叛。

獻公之奔齊也，孫林父逐之。甯喜弒剽匹妙反以納獻公，故林父懼入于戚以叛。

甲午，衛侯衎復歸于衛。

先言「辛卯，衛甯喜弒其君剽」，後言「甲午，衛侯衎復歸于衛」者，以見衎待弒而歸也。案：十四年，衛侯衎出奔齊，前年入于夷儀，今喜弒剽四日而復歸于衛，此待弒而歸可知也。

夏，晉侯使荀吴來聘。公會晉人、鄭良霄、宋人、曹人于澶音蟬**淵。秋，宋公殺其世子痤**才禾反。

稱君以殺世子，甚之也。

晉人執衛甯喜。

「晉人執衛甯喜」，惡不討也。弒君之賊，人人皆得殺之。

八月壬午，許男甯卒于楚。冬，楚子、蔡侯、陳侯伐鄭。葬許靈公。

二十有七年春，齊侯使慶封來聘。夏，叔孫豹會晉趙武、楚屈建、蔡公孫歸生、衛石惡、陳孔奂、鄭良霄、許人、曹人于宋。

隱、桓之際，天子失道，諸侯擅權；宣、成之間，諸侯僭命，大夫專國；至宋之會，則又甚矣。何哉？自宋之會，諸侯日微，天下之政、中國之事，皆大夫專持之也。故二十九年城杞，三十年會澶淵，昭元年會虢，諸侯莫有見者。此天下之政、中國之事皆大夫專持之可知也。

衛殺其大夫甯喜。衛侯之弟鱄市轉反，又音專**出奔晉。**

甯喜不以討賊辭書者，獻公殺之不以其罪也。初，甯殖與孫林父逐獻公以立公孫剽，既而悔焉。甯殖死，故喜與公弟鱄謀弒剽以納獻公。獻公歸，一旦復討逐己者，于是殺甯喜。其弟鱄曰：「吾與喜納君也。」殺之，遂出奔晉。

秋七月辛巳，豹及諸侯之大夫盟于宋。

案：十六年，公會晉侯、宋公、衛侯、鄭伯、曹伯、莒子、邾子、薛伯、杞伯、小邾子于溴古役反梁，戊寅大夫盟。溴梁之會，諸侯會也，而曰「戊寅，大夫盟」者，大夫無諸侯也。此年，叔孫豹會晉趙武、楚屈建、蔡公孫歸生、衛石惡、陳孔奂、鄭良霄、許人、曹人于宋；秋七月辛巳，豹及諸侯之大夫盟于宋。宋之會，大夫會也。大夫會而言

「辛巳，豹及諸侯之大夫盟于宋」者，不與大夫無諸侯也。噫！天下之政、中國之事，諸侯專之猶曰不可，况大夫乎？故宋之盟不與大夫無諸侯也。宋之盟不與大夫無諸侯者，孔子傷天下之亂，疾之之甚也。豹不氏，前見也。

冬十有二月乙亥，朔，日有食之。

二十有八年春，無冰。

無冰，時燠也。

夏，衛石惡出奔晉。邾子來朝。秋八月，大雩。仲孫羯如晉。冬，齊慶封來奔。十有一月，公如楚。

公朝楚者，桓、文既死，夷狄日熾，中國日微，故公遠朝强夷也。〔二〕

十有二月甲寅，天王崩。

靈王也。

乙未，楚子昭卒。

〔二〕 四庫本「夷狄日熾」作「時無盟主」，「夷」作「楚」。

二十有九年春，王正月，公在楚。

案：成十年秋七月公如晉，十一年三月公至自晉，昭十五年冬公如晉，十六年夏公至自晉，皆不書所在，公在中國猶可，在夷狄〔一〕則甚矣。故詳而録之也。

夏五月，公至自楚。

公留于楚者七月。

庚午，衛侯衎卒。閽弑吴子餘祭側界反。

閽，門者。不言盜者，閽微于盜也；不言殺〔二〕者，明弑有漸也。微者猶能弑吴子餘祭，况大者乎？則知爲人君者，雖微不可慢也。故曰「閽弑吴子餘祭」以惡之。

仲孫羯會晉荀盈、齊高止、宋華定、衛世叔儀、鄭公孫段、曹人、莒人、滕人、薛人、小邾人，城杞。

杞，微弱不能自城，故諸侯之大夫相與城杞。諸侯之大夫相與城杞者，政在大夫故也。

〔一〕「夷狄」，四庫本作「楚國」。
〔二〕「殺」，薈要本、四庫本、通志堂本均作「弑」，儒藏點校本據吕本中春秋集解所引改，義通。

晉侯使士鞅來聘。杞子來盟。吴子使札來聘。

吴成六年伐郯始見于經，稱吴；襄五年會于戚，稱人；今使札來聘，稱子者，與其慕義來聘，進之也。先書「閽弑吴子餘祭」而後言「吴子使札來聘」者，吴子使札來聘，未至于魯，而吴子遇弑，故先書「閽弑吴子餘祭」也。吴子既弑，而札至于魯，故後書「吴子使札來聘」。

秋九月，葬衛獻公。齊高止出奔北燕。冬，仲孫羯如晉。

三十年春，王正月，楚子使薳音委**罷**音皮**來聘。夏四月，蔡世子般**音班**弑其君固。**

稱世子以弑，甚般之惡也。不言其父而言其君者，君之于世子，有君之尊也，有父之親也；以般之于尊、親盡矣。不日者，脱之。

五月甲午，宋災。宋伯姬卒。天王殺其弟佞夫。

春秋之義，天子得專殺，故二百四十二年無天王殺大夫文。此言「殺其弟佞夫」者，書稱帝堯「克明俊德，以親九族，九族既睦，平章百姓」，而景王不能容一母弟，不可不見也。且諸侯有失教及不能友愛其弟出奔者，孔子猶詳而録之，譏其失兄之道，况景王尊爲天子、富有四海乎？故斥言「天王殺其弟佞夫」以惡之也。

王子瑕奔晉。

景王重失親親。不言出，周無外也。

秋七月，叔弓如宋，葬宋共姬。

共，謚也。内女不葬，葬者，皆非常也。莊四年齊侯葬紀伯姬，三十年葬紀叔姬，此年叔弓如宋，葬共姬是也。案：文九年，叔孫得臣如京師葬襄王，昭二十二年，叔鞅如京師葬景王。共姬，婦人也；襄王、景王，天子也。魯皆使卿會葬，惡之甚焉。然内女葬，當有恩禮，使卿則不可也。叔弓，叔老子。

鄭良霄出奔許。自許入于鄭。鄭人殺良霄。

鄭人殺良霄，不言大夫者，出奔絶之也。

冬十月，葬蔡景公。晉人、齊人、宋人、衛人、鄭人、曹人、莒人、邾人、滕人、薛人、杞人、小邾人會于澶音蟬**淵，宋災故。**

會未有言其所爲者，此言「宋災故」者，疾之之辭也。宋災，故天下諸侯莫有憂者，而大夫憂之。天下諸侯莫有憂者，而大夫憂之，諸侯微弱，政在大夫可知也。其曰某人者，以其專極惡甚，故曰「某人某人會于澶淵，宋災故」，貶也。

三十有一年春，王正月。夏六月辛巳，公薨于楚宮。

非正也，公朝楚，好其宮，歸而作之。

秋九月癸巳，子野卒。

襄公太子，未踰年之君也。名者，襄公未葬也。不薨、不地，降成君也。

己亥，仲孫羯卒。冬十月，滕子來會葬。

滕子來會葬，非禮也。

癸酉，葬我君襄公。十有一月，莒人弒其君密州。

卷十

昭公名稠，襄公子，景王四年即位。昭，謚也，容儀恭明曰昭。

元年春，王正月，公即位。叔孫豹會晉趙武、楚公子圍、齊國弱、宋向戌、衛齊惡、陳公子招音韶**、蔡公孫歸生、鄭罕虎、許人、曹人于虢。三月取鄆。夏，秦伯之弟鍼出奔晉。六月丁巳，邾子華卒。晉荀吴帥師敗狄于大鹵。**

大鹵，大原。

秋，莒去起吕反**疾自齊入于莒。莒展輿出奔吴。**

莒子二子，長曰去疾，次曰展輿。莒子遇弑，去疾奔齊，展輿立，國人不與。去疾由齊入于莒，故展輿奔吴。莒子弑在襄三十一年。

叔弓帥師疆鄆田。

帥師而往，有畏也。

葬邾悼公。冬十有一月己酉，楚子麇音君**卒。楚公子比出奔晉。**

二年春，晉侯使韓起來聘。夏，叔弓如晉。秋，鄭殺其大夫公孫黑。冬，公如晉，至河乃復。

公如晉，至河乃復者六：此年「公如晉，至河乃復」，「十二年，公如晉，至河乃復」，「十三年，公如晉，至河乃復」，「二十一年，公如晉，至河乃復」，「二十三年，公如晉，至河有疾乃復」，「定三年，公如晉，至河乃復」是也。唯二十三年書「有疾」，明有疾而反，餘皆譏公數如晉，見距，不能以禮自重，大取困辱也。

季孫宿如晉。

公如晉而距之，季孫宿如晉而納之，是昭公季孫宿之不若也。此晉侯之惡亦可見矣。

三年春，王正月丁未，滕子原卒。夏，叔弓如滕。五月，葬滕成公。

滕，小國，使叔弓會葬，甚矣。

秋，小邾子來朝。八月，大雩。冬，大雨于附反**雹。北燕伯款出奔齊。**

四年春，王正月，大雨于附反**雹。夏，楚子、蔡侯、陳侯、鄭伯、許男、徐子、滕子、頓子、胡子、沈子、小邾子、宋世子佐、淮夷會于申。**

中國自宋之會，政在大夫，諸侯不見者十年。此書「楚子、蔡侯、陳侯、鄭伯、許男、徐子、滕子、頓子、胡子、沈子、小邾子、宋世子佐、淮夷會于申」者，楚子大合諸侯于此也。楚子得以大合諸侯于此者，桓、文既死，中國不振〔二〕、喪亂日甚、幅裂横潰、制在夷狄故也。故自是天下之政、中國之事皆夷狄〔三〕迭制之。至于平丘、召陵之會，諸侯雖云再出，尋復叛去，事無所救，不足道也。宋盟在襄二十七年；會平丘在昭十三年；會召陵在定四年。申，姜姓國。

楚人執徐子。秋七月，楚子、蔡侯、陳侯、許男、頓子、胡子、沈子、淮夷伐吴，執齊慶封，殺之。

案：宣十一年「楚人殺陳夏徵舒」，稱人以殺，討賊辭也。此不言「楚人執齊慶封，

〔二〕「中國不振」，四庫本作「諸夏不振」。
〔三〕「夷狄」，四庫本作「荆蠻」。

殺之」者，不與楚討也。慶封與弑莊公，弑君之賊，人人皆得殺之。其言不與楚討者，楚靈貪虐不道，殄滅陳蔡，以肆其欲，故孔子以諸侯共執齊慶封殺之爲文，所以與殺陳夏徵舒異也。崔杼弑莊公在襄二十五年。

遂滅賴。

賴，小國。

九月，取鄫才陵反。

案：襄六年莒人滅鄫，此言取鄫者，蓋莒滅鄫以爲附庸，今魯取之爾。

冬十有二月乙卯，叔孫豹卒。

五年春，王正月，舍中軍。

魯本二軍，襄十一年作三軍，今舍中軍，作之非，舍之非，皆非天子命也。

楚殺其大夫屈居勿反**申。公如晉。夏，莒牟夷以牟婁及防、兹來奔。**

「莒牟夷以牟婁及防、兹來奔」，惡内也。與襄二十一年邾庶其以漆、閭丘來奔義同。

秋七月，公至自晉。戊辰，叔弓帥師敗莒師于蚡扶粉反**泉。**

魯既受莒叛人邑，又敗莒師于蚡泉，其惡可知也。蚡泉，魯地。

秦伯卒。冬，楚子、蔡侯、陳侯、許男、頓子、沈子、徐人、越人伐吴。

六年春，王正月，杞伯益姑卒。葬秦景公。夏，季孫宿如晉。葬杞文公。宋華合比如字，又音被**出奔衛。秋九月，大雩。楚薳罷**音皮**帥師伐吴。冬，叔弓如楚。齊侯伐北燕。**

七年春，王正月，暨齊平。

暨，不得已也。齊來求平，不得已而從之，故曰「暨」，且明非魯志也。

三月，公如楚。叔孫婼如齊涖盟。夏四月甲辰，朔，日有食之。秋八月戊辰，衛侯惡卒。九月，公至自楚。冬十有一月癸未，季孫宿卒。十有二月癸亥，葬衛襄公。

八年春，陳侯之弟招音韶**殺陳世子偃師。**

此陳公子招殺陳世子偃師也。其曰「陳侯之弟招殺陳世子偃師」者，親之也，所以甚招之惡也。陳哀公二子，太子偃師，次子留。公弟招與大夫過皆愛留，欲立之。哀公疾，遂殺太子偃師以立之。留，庶孽也；偃師，冢嗣也。招以叔父之親，不顧宗社之重，殞冢嗣以立庶孽，致楚滅陳，皆招之由也。故曰「陳侯之弟招殺陳世子偃師」以甚招之惡也。

夏四月辛丑，陳侯溺卒。叔弓如晉。楚人執陳行人干徵師殺之。陳公子留出奔鄭。

陳哀公卒，干徵師赴于楚，且告立公子留。楚人執干徵師殺之，故公子留出奔鄭。公子留已立，復稱公子者，以著公弟招殺世子偃師之罪，且明留之立不當立也。

秋，蒐于紅。

蒐，春田。秋，非禮也。惟不稱「大」之爲正耳。紅，魯地。

陳人殺其大夫公子過古禾反。

此公子招殺大夫公子過也。其言「陳人殺其大夫公子過」者，不與公子招殺也，故以陳人自討爲文。

大雩。冬十月壬午，楚師滅陳，執陳公子招音韶，**放之于越，殺陳孔奂。**

陳公子招，殺世子之賊也，楚子執而放之；陳孔奂，無罪之人也，楚子殺之。吁！楚靈暴虐無道，滅人之國，又爲淫刑也如此。

葬陳哀公。

十月壬午，楚師滅陳，此言「葬陳哀公」如不滅之辭者，楚子葬之也。不言楚子葬之者，不與楚子滅陳葬哀公，故以陳人自葬爲文，所以存陳也。九年陳災同此。

九年春，叔弓會楚子于陳。許遷于夷。夏四月，陳災。秋，仲孫玃俱縛反，又音居碧反**如齊。**

玃，仲孫羯子。

冬，築郎囿。

十年春，王正月。夏，齊欒施來奔。秋七月，季孫意如、叔弓、仲孫玃居縛反，又音居碧反**帥師伐莒。**

三卿伐莒，疾莒之甚也。季孫意如，季孫宿孫。

戊子，晉侯彪卒。九月，叔孫婼如晉。葬晉平公。十有二月甲子，宋公成卒。

此年無冬者，脱也。

十有一年春，王二月，叔弓如宋。葬宋平公。夏四月丁巳，楚子虔誘蔡侯般音班**殺之于申。**

般，弒逆之人，諸侯皆得殺之。楚子名者，楚子暴虐無道，貪蔡土地，不以弒君之罪殺般也。「四月丁巳，楚子虔誘蔡侯般殺之于申」，「十有一月丁酉，楚師滅蔡，執蔡世子有以歸，用之」，此暴虐無道，貪蔡土地，不以弑君之罪殺般可知也。然般之罪不容誅矣，楚子殺之不以其罪，故生而名之，不得以討賊例，當坐誘殺蔡侯般也。般弑在襄三十年。

楚公子棄疾帥師圍蔡。五月甲申，夫人歸氏薨。

昭公母，胡女。歸，姓。

大蒐于比音毗**蒲。**

蒐，春田也，五月不時也，時又有夫人之喪。比蒲，魯地。

仲孫貜會邾子，盟于祲音浸，又音侵**祥。**

祲祥，地闕。

秋，季孫意如會晉韓起、齊國弱、宋華亥、衛北宮佗徒何反**、鄭罕虎、曹人、杞人于厥憖**魚靳反，又音五巾反，又音五轄反。

會于厥憖，欲救蔡而不能也。厥憖，地闕。

九月己亥，葬我小君齊歸。冬十有一月丁酉，楚師滅蔡，執蔡世子有以歸，用之。

諸侯在喪稱子，此言「世子有」者，有未立也。案：「四月丁巳，楚子虔誘蔡侯般殺之于申」，「楚公子棄疾帥師圍蔡」，「十有一月丁酉，楚師滅蔡，執蔡世子有以歸，用之」，有窮迫危懼以至于死，此未立可知也。故曰「世子」。噫！楚子既誘蔡侯般殺之于申，又滅蔡執蔡世子有以歸，用之，甚矣！楚靈之惡其若此也。

十有二年春，齊高偃帥師納北燕伯于陽。

北燕伯三年出奔齊，不言納于燕者，明未得國都也。陽，燕別邑。

三月壬申，鄭伯嘉卒。夏，宋公使華定來聘。公如晉，至河乃復。五月，葬鄭簡公。楚殺其大夫成熊。秋七月。冬十月，公子慭魚靳反，讀爲整**出奔齊。楚子伐徐。晉伐鮮虞。**

直曰「晉伐鮮虞」者，楚靈不道，殄滅陳蔡，晉爲盟主，既不能救，其惡已甚。今又與楚交伐中國，此夷狄之道也。故夷狄稱之。〔二〕鮮虞，姬姓國。

十有三年春，叔弓帥師圍費音秘。

〔二〕「今又與楚交伐中國，此夷狄之道也。故夷狄稱之」，四庫本作「今又與楚交伐同姓，無復天理之存矣！故深惡之」。

費，季氏邑。不言家臣叛者，言圍則叛可知也。

夏四月，楚公子比自晉歸于楚，弑其君虔于乾谿。

先言歸而後言弑者，先言歸者，明比不與謀也，後言弑者，正比之罪也。初楚子麇卒，靈王即位，公子比出奔晉。靈王無道，公子棄疾作亂，召公子比于晉，立之以弑靈王。故曰「楚公子比自晉歸于楚，弑其君虔于乾谿」也。比，靈王弟。奔晉在元年。乾谿，楚地。

楚公子棄疾殺公子比。

比不以討賊辭書者，殺之不以其罪也。棄疾雖召公子比爲王，其實内自窺楚。于是殺公子比自立，故曰「楚公子棄疾殺公子比」以著其惡。比已立，復稱公子者，明比之立不當立也。

秋，公會劉子、晉侯、齊侯、宋公、衛侯、鄭伯、曹伯、莒子、邾子、滕子、薛伯、杞伯、小邾子于平丘。八月甲戌，同盟于平丘。公不與音預**盟。**

自宋之會，諸侯不出，大夫專盟會者十年，至申之會則又甚矣。楚子以蠻夷之衆，横行中國，戕滅陳蔡以厭其欲，諸侯莫敢伉。楚子專盟會者又十年矣。今晉昭一旦與劉子合諸侯同盟于此者，其能與楚子伉乎？不能與楚子伉也，乘楚靈弑逆之禍爾。乘楚靈弑逆之禍與劉子合諸侯同盟于此，何所爲哉？此固不足道也。公不與盟者，晉侯不與公盟也。晉侯與公同事而不同盟，非所以宗諸侯也，天下孰不解體。故自是訖會召陵，諸侯復不出者二十四年。至如鄟音專，又市轉反，又徒官反陵之會，晉自不出，此不足宗諸侯可知也。宋之會在襄二十七年，申之會在昭四年，鄟陵之會在昭二十六年，會召陵在定四年。平丘，晉地。

晉侯執季孫意如以歸。

晉既不與公盟，又執季孫意如以歸，其惡可知。

公至自會。蔡侯廬歸于蔡。陳侯吳歸于陳。

案：八年楚師滅陳，十一年楚滅蔡。此言「蔡侯廬歸于蔡，陳侯吳歸于陳」者，楚平復二國之後也。楚靈不道，暴滅陳蔡，楚平既立，將矯楚靈之惡以説中國〔二〕也，故復二

〔二〕「中國」四庫本作「諸夏」。

國之後。然則楚靈滅之，楚平復之，善與？非善也。聖王不作，諸侯不振，二國之命制在夷狄故也。孔子以陳蔡自歸爲文，所以抑强夷而存中國也。

冬十月，葬蔡靈公。公如晉，至河乃復。吴滅州來。

州來，附庸。

十有四年春，意如至自晉。

大夫執則至，至則名；不稱氏，前見也。

三月，曹伯滕卒。夏四月。秋，葬曹武公。八月，莒子去疾卒。冬，莒殺其公子意恢。

十有五年春，王正月，吴子夷末卒。二月癸酉，有事于武宫。籥入，叔弓卒，去樂，卒事。

「有事于武宫，籥入，叔弓卒，去樂，卒事」，非禮也。宗廟之祭，羽籥既陳，雖有卿佐之喪，不可去也。然卿佐之喪，當有恩禮，去樂則太甚，故爲之廢繹。是故宣八年書「六月辛巳，有事于太廟，仲遂卒于垂，壬午，猶繹」，孔子止譏其繹爾。

夏，蔡朝吴出奔鄭。六月丁巳，朔，日有食之。秋，晉荀吴帥師伐鮮虞。冬，公如晉。

十有六年春，齊侯伐徐。楚子誘戎蠻子殺之。

案：十一年楚子虔誘蔡侯般殺之于申，名；此不名者，夷狄〔二〕相誘殺，略之也，故亦不地。

夏，公至自晉。秋八月己亥，晉侯夷卒。九月，大雩。季孫意如如晉。冬十月，葬晉昭公。

十有七年春，小邾子來朝。夏六月甲戌，朔，日有食之。秋，郯子來朝。八月晉荀吴帥師滅陸渾之戎。

夷狄亂華〔三〕，諸侯得以驅之、逐之，然滅之則甚矣。

冬，有星孛于大辰。

孛，彗之屬。孛于大辰者，在大辰也。大辰，大火。

楚人及吴戰于長岸。

〔二〕「夷狄」四庫本作「狙詐」。

〔三〕「夷狄亂華」，四庫本作「陸渾侵略」。

長岸，楚地。

十有八年春，王三月，曹伯須卒。夏五月壬午，宋、衛、陳、鄭災。

「壬午，宋、衛、陳、鄭災」，宋、衛、陳、鄭同日而災也。宋、衛、陳、鄭同日而災，異之甚者。

六月，邾人入鄅音禹，又音矩。

鄅，微國。

秋，葬曹平公。冬，許遷于白羽。

白羽，許地。

十有九年春，宋公伐邾。夏五月戊辰，許世子止弒其君買。己卯，地震。秋，齊高發帥師伐莒。冬，葬許悼公。

二十年春，王正月。夏，曹公孫會自鄸音蒙，又音盲，亦音夢**出奔宋。**

鄸，公孫會之邑也。言「自鄸出奔宋」者，以別從國都而去爾。

秋，盜殺衛侯之兄縶。

盜者，微賤之稱。兄，母兄也。以衛侯之母兄而盜得殺之，衛侯之無刑政也若此，故曰「盜殺衛侯之兄縶」以著其惡。

冬十月，宋華户化反**亥、向**舒亮反**寧、華定出奔陳。**

三卿並出，危之。

十有一月辛卯，蔡侯廬卒。

二十有一年春，王三月，葬蔡平公。夏，晉侯使士鞅來聘。宋華亥、向寧、華定自陳入于宋南里以叛。

前年出奔，當絶。復見者，以入宋南里叛，犯君當誅。

秋七月壬午，朔，日有食之。八月乙亥，叔輒卒。

輒，叔弓子。

冬，蔡侯朱出奔楚。公如晉，至河乃復。

二十有二年春，齊侯伐莒。宋華亥、向寧、華定自宋南里出奔楚。大蒐于昌間。

昌間，魯地。

夏四月乙丑，天王崩。六月，叔鞅如京師。葬景王。

以天子之尊三月而葬，此諸侯之不若也。叔鞅，叔弓子。

王室亂，劉子、單音善**子以王猛居于皇。**

「王室亂，劉子、單子以王猛居于皇」者，王猛當嗣，子朝争立，其位未定故也。子朝，王猛庶兄。猛幼，子朝有寵于景王，王欲立之，劉、單不可。景王崩，六月既葬，子朝作亂，故劉子、單子以王猛居于皇。其言「劉子、單子以王猛」者，子朝亂，猛位未定，進退在二子也。二子，卿爵；皇，周地。

秋，劉子、單子以王猛入于王城。

不言成周而言王城者，明未得國也。景王失道，不能早正王猛之位，卒使子朝争立。故二子以王猛居于皇，以王猛入于王城，此猛之進退在二子可知也。

冬十月，王子猛卒。

王猛卒，其曰「王子猛」者，言「王」所以明當嗣之人也，言「子」所以見未踰年之君也，言「猛」所以别群王之子也。不崩、不葬者，降成君也。

十有二月癸酉，朔，日有食之。

二十有三年春，王正月，叔孫婼音綽，又音釋如晉。癸丑，叔鞅卒。晉人執我行人叔孫婼。晉人圍郊。

郊，周邑。

夏六月，蔡侯東國卒于楚。秋七月，莒子庚輿來奔。戊辰，吴敗頓、胡、沈、蔡、陳、許之師于雞父，胡子髡、沈子逞滅，獲陳夏齧。

頓、胡、沈、蔡、陳、許皆楚與國也。六國之師相與伐吴，吴人禦之，敗六國之師于雞父。春秋之戰，書敗者多矣，未有諸侯之師略而不序者。此六國之師略而不序者，皆夷狄之也，賤其舍中國而與夷狄，故皆夷狄之。〔一〕其言「胡子髡、沈子逞滅」者，深惡二國之君不得其死，皆以自滅爲文也。故「鄭棄其師」，「齊人殲于遂」，「梁亡」，「胡子髡、沈子逞滅」，皆自取之也。陳齧不言執而言獲者，甚之也。雞父，楚地。

〔一〕「此六國之師略而不序者，皆夷狄之也，賤其舍中國而與夷狄，故皆夷狄之」，四庫本作「此六國之師略而不序，皆甚貶之也。賤其從于人而與其難，故皆甚貶之也」。

天王居于狄泉。

恭王也，辟子朝居于狄泉。曰「天王居于狄泉」，明正也。

尹氏立王子朝。

立者，簒辭。嗣子有常位，故不言立，王猛、恭王是也。此言「尹氏立王子朝」，其惡可知也。尹氏，世卿。

八月乙未，地震。冬，公如晉，至河有疾乃復。

凡公如晉不得入者六：二年「公如晉，至河乃復」，十二年「公如晉，至河乃復」，十三年「公如晉，至河乃復」，二十一年「公如晉，至河乃復」，此年「公如晉，至河有疾乃復」，定三年「公如晉，至河乃復」是也。此書「有疾」，明公自有疾而反爾，餘則皆譏公數如晉，爲晉拒而不納，以取其辱。

二十有四年春，王二月丙戌，仲孫貜卒。婼至自晉。

婼，叔孫婼也。不言「叔孫」，前見也。

夏五月乙未，朔，日有食之。秋八月，大雩。丁酉，杞伯郁釐或作犛，音離，又音來。

冬，吳滅巢。葬杞平公。

二十有五年春，叔孫婼如宋。夏，叔詣會晉趙鞅、宋樂大心、衛北宮喜、鄭游吉、曹人、邾人、滕人、薛人、小邾人于黃父。

叔詣，叔弓子。黃父，地闕。

有鸜鵒來巢。

魯無鸜鵒，故言有也，又當穴而巢，異之甚者。

秋七月上辛，大雩；季辛，又雩。九月己亥，公孫音巽**于齊，次于陽州。**

公爲季孫意如所逐，其言孫于齊者，諱奔也。内諱奔，皆曰「孫」。次于陽州者，不得入于齊也。陽州，齊魯境上地。

齊侯唁音彦**公于野井。**

唁，慰安之辭。齊，大國也，不能討意如于魯國，徒能唁昭公于野井，此齊侯之惡亦可見也。野井，齊地。

冬十月戊辰，叔孫婼卒。十有一月己亥，宋公佐卒于曲棘。

諸侯卒于國都之外，皆地。曲棘，宋封内邑。

十有二月，齊侯取鄆。

齊侯取鄆以處公也。不言處公者，明年公至自齊，居于鄆，此處公可知也。

二十有六年春，王正月，葬宋元公。三月，公至自齊，居于鄆。

此言「公至自齊」者，以齊侯之見公，可以言至自齊也；「居于鄆」者，公爲意如所拒，不得入于魯也。故曰「公至自齊，居于鄆」。

夏，公圍成。

公圍成，書者，見國内皆叛也。成，孟氏邑。

秋，公會齊侯、莒子、邾子、杞伯盟于鄟音專，又音市轉反，亦音團**陵。**

盟于鄟陵，謀納公而不能也。鄟陵，地闕。

公至自會，居于鄆。九月庚申，楚子居卒。冬十月，天王入于成周。

子朝之亂甚矣。悼王既死，恭王即位于外，四年始勝其醜，反正于宗廟。不言歸而言入者，言歸，嫌與即位于内者同，故變言入以著即位于外也，此非例之常。不言王城而言成周者，以國舉之，明已得國。

尹氏、召伯、毛伯以王子朝奔楚。

立王子朝，獨書尹氏，奔楚并舉召伯者，明罪本在尹氏，當先誅逆首，後治其徒也。

二十有七年春，公如齊。公至自齊，居于鄆。夏四月，吴弑其君僚。楚殺其大夫郤宛

遠、冤二音。**秋，晉士鞅、宋樂祁犂、衛北宫喜、曹人、邾人、滕人會于扈。冬十月，曹伯**

午卒。邾快來奔。公如齊。公至自齊，居于鄆。

二十有八年春，王三月，葬曹悼公。公如晉，次于乾侯。

公前年如齊者再，皆不見禮，故如晉。其言「次于乾侯」者，不得入于晉也。公既不見禮于齊，又不得入于晉，其窮辱若此。乾侯，晉地。

夏四月丙戌，鄭伯寧卒。六月，葬鄭定公。秋七月癸巳，滕子寧卒。冬，葬滕悼公。

二十有九年春，公至自乾侯，居于鄆。

以乾侯至者，不得見晉侯故。

齊侯使高張來唁公。公如晉，次于乾侯。夏四月庚子，叔詣卒。秋七月。冬十月，

鄆潰。

潰，散也。季孫專魯，民不附公，故鄆潰。

三十年春，王正月，公在乾侯。

公在乾侯，鄆潰故也。不言居者，乾侯，晉地也。鄆，魯封内，故曰居；乾侯，晉地，不可言居，故曰「在」，内外辭也。明公爲强臣所逐，不見納于内，終顛殞于外。故自是歲首，孔子皆録公之所在，責魯臣子。

夏六月庚辰，晉侯去疾卒。秋八月，葬晉頃音傾**公。冬十有二月，吴滅徐。徐子章羽奔楚。**

三十有一年春，王正月，公在乾侯。季孫意如會晉荀躒于適歷。夏四月丁巳，薛伯穀卒。晉侯使荀躒力狄反**唁公于乾侯。**

季孫意如，逐君之賊也，晉侯不能討而戮之，既使荀躒會意如于適歷，又使荀躒唁公于乾侯，何所爲哉？此晉侯之惡亦可見矣。適歷，晉地。

秋，葬薛獻公。冬，黑肱以濫來奔。

「黑肱以濫來奔」，濫，邑也。案：襄二十一年，邾庶其以漆、閭丘來奔，五年莒牟夷以牟婁及防、茲來奔。邾、莒言國，此不言國者，脱之也。

十有二月辛亥，朔，日有食之。

三十有二年春，王正月，公在乾侯。取闞口暫反。

闞，魯邑。

夏，吴伐越。秋七月。冬，仲孫何忌會晉韓不信、齊高張、宋仲幾、衛世叔申、鄭國參、曹人、莒人、薛人、杞人、小邾人，城成周。

周，自天子言之則曰王城、成周。昭二十二年，劉子、單子以王猛入于王城，二十六年天王入于成周是也。諸侯言之則曰京師。僖二十八年，晉人執衛侯歸之于京師，三十年公子遂如京師，遂如晉，文元年，叔孫得臣如京師，成十三年三月，公如京師，夏五月公自京師，遂會晉侯、齊侯、宋公、衛侯、鄭伯、曹伯、邾人、滕人伐秦，十五年，晉侯執曹伯歸于京師，十六年曹伯歸自京師之類是也。此不言城京師而曰城成周者，不與大夫城京師也。大夫城京師以安天子，其言不與大夫城京師者，天子微，諸侯又微，故諸侯不城京師而大夫城之也。諸侯不城京師而大夫城之，是天下無諸侯也。故曰「仲孫何忌會晉韓不信、齊高張、宋仲幾、衛世子申、鄭國參、曹人、莒人、薛人、杞人、小邾人城成周」以惡之。

十有二月己未，公薨于乾侯。

卷十一

定公名宋，襄公子、昭公弟，共王十一年即位。定，謚也，安民大慮曰定。

元年春王〔二〕。

不書正月者，定公未立，不與季氏承其正朔也。是時季氏專國，昭公薨于乾侯，及歲之交，定又未立，故略不書焉，所以黜强臣而存公室也。

三月，晉人執宋仲幾于京師。

春秋之義，諸侯不得專執，况大夫乎？宋仲幾會城成周，韓不信陪臣也，非天子命執仲幾于天子之側，甚矣！故曰「晉人執宋仲幾于京師」以疾之。

夏六月癸亥，公之喪至自乾侯。戊辰，公即位。

〔二〕此处断句与左氏不同。

定公繼奔亡之後，制在季氏，故昭公之喪至自乾侯，六月而始得即位也。昭公之喪至自乾侯，六月而始得即位，此制在季氏可知也，故曰「癸亥，昭公之喪至自乾侯，戊辰，公即位」以著其惡。

秋七月癸巳，葬我君昭公。

八月而葬。

九月，大雩。立煬宮。

煬宮，伯禽子廟，毁已久，此而立之，非禮可知。

冬十月，隕霜殺菽。

建酉之月隕霜殺菽，非常之災。

二年春，王正月。夏五月壬辰，雉門及兩觀古亂反**災。**

其言「雉門及兩觀災」者，雉門與兩觀俱災也。雉門、兩觀，天子之制。

秋，楚人伐吳。冬十月，新作雉門及兩觀古亂反。

新作雉門及兩觀者，定公不知僭天子之惡也。定公不知僭天子之惡，故作而新之。

三年春，王正月，公如晉，至河乃復。二月辛卯，邾子穿卒。夏四月。秋，葬邾莊公。冬，仲孫何忌及邾子盟于拔。

拔，地闕。

四年春，王二月癸巳，陳侯吳卒。三月，公會劉子、晉侯、宋公、蔡侯、衛侯、陳子、鄭伯、許男、曹伯、莒子、邾子、頓子、胡子、滕子、薛伯、杞伯、小邾子、齊國夏于召上照反**陵，侵楚。**

蔡人病楚，使告于晉，故晉合諸侯于此，此救蔡伐楚也。其言「會于召陵，侵楚」者，諸侯不振，不能救蔡伐楚也，故使救蔡伐楚之功歸于强吳。冬，「蔡侯以吳子及楚人戰于柏舉，楚師敗績」是也。噫！昭十三年，公會劉子、晉侯、齊侯、宋公、衛侯、鄭伯、曹伯、莒子、邾子、滕子、薛伯、杞伯、小邾子于平丘，八月甲戌，同盟于平丘；此年，公會劉子、晉侯、宋公、蔡侯、衛侯、陳子、鄭伯、許男、曹伯、莒子、邾子、頓子、胡子、滕子、薛伯、杞伯、小邾子、齊國夏于召陵，侵楚；五月，公及諸侯盟于臯鼬。

内不能奪大夫之權，外不能攘夷狄〔二〕之患，何所爲哉？何所爲哉？徒自相與歃血要言而已，此固不足道也。

夏四月庚辰，蔡公孫姓音生**帥師滅沈，以沈子嘉歸，殺之。**

蔡公孫姓帥師滅沈，沈與楚故也。以沈子嘉歸，殺之，公孫姓之罪不容誅也。

五月，公及諸侯盟于皋鼬音又。

皋鼬，鄭地。

杞伯成卒于會。六月，葬陳惠公。許遷于容成。秋七月，公至自會。劉卷音權，又音眷勉反**卒。**

上會劉子。

葬杞悼公。楚人圍蔡，晉士鞅、衛孔圉帥師伐鮮虞。葬劉文公。

文，謚也。案：文三年，王子虎卒不葬，此葬者，見其私謚且僭也。

冬十有一月庚午，蔡侯以吴子及楚人戰于柏舉，楚師敗績。楚囊瓦出奔鄭。

〔二〕「夷狄」，四庫本作「荆蠻」。

以者，乞師而用之也。楚人圍蔡，晉師不出，故蔡人去晉求救于吴，吴子許之。冬十有一月，吴子、蔡侯伐楚，庚午及楚人戰于柏舉，楚師敗績，囊瓦奔鄭。稱吴子者，大救蔡也。晉合十八國之君不能救蔡伐楚，吴能救之伐之，此吴晉之事、强弱之勢較然可見也。故自是諸侯小大皆宗于吴。柏舉，楚地。

庚辰，吴入郢。

吴子救蔡伐楚，善也。乘囊瓦之敗，長驅入郢，夷其宗廟、壞其宫室，此則甚矣。故曰「庚辰，吴入郢」，反狄之也。

五年春，王三月辛亥，朔，日有食之。夏，歸粟于蔡。於越入吴。

案：昭五年越始見于經，從諸侯伐吴稱人，此言「於越」，越之别封也。此亦舒人、舒鳩、舒蓼之類耳。

六月丙申，季孫意如卒。秋七月壬子，叔孫不敢卒。冬，晉士鞅帥師圍鮮虞。

六年春，王正月癸亥，鄭游速帥師滅許，以許男斯歸。二月，公侵鄭。

内有强臣之讎，外結怨于鄭。

公至自侵鄭。夏，季孫斯、仲孫何忌如晉。秋，晉人執宋行人樂祁犂。冬，城中城。季孫斯、仲孫忌帥師圍鄆。

前曰仲孫何忌，後曰仲孫忌，傳寫脱之也。

七年春，王正月。夏四月。秋，齊侯、鄭伯盟于鹹。齊人執衛行人北宮結以侵衛。齊侯、衛侯盟于沙。

沙，衛地。

大雩。齊國夏帥師伐我西鄙。九月，大雩。冬十月。

八年春，王正月，公侵齊。公至自侵齊。二月，公侵齊。三月，公至自侵齊。

公一歲而再侵齊，以重其怨，甚矣。

曹伯露卒。夏，齊國夏帥師伐我西鄙。公會晉于瓦。

晉師救我，故公會于瓦。瓦，衛地。

公至自瓦。秋七月戊辰，陳侯柳卒。晉士鞅帥師侵鄭，遂侵衛。葬曹靖公。九月，葬陳懷公。季孫斯、仲孫何忌帥師侵衛。冬，衛侯、鄭伯盟于曲濮。從祀先公。

先公，后稷也。從祀先公者，定公僭亂，從后稷而祀也。后稷，周之始祖，非魯可得祀，故曰「從祀先公」以著其僭。

盜竊寶玉、大弓。

盜，微賤之稱；寶玉、大弓，國之重器也。國之重器而盜得竊之，則定公爲國可知也。

九年春，王正月。夏四月戊申，鄭伯蠆卒。得寶玉、大弓。

不曰盜歸寶玉、大弓者，盜微賤，不可再見也。寶玉、大弓，周公受賜于周，藏之于魯，故失之書、得之書。

六月，葬鄭獻公。秋，齊侯、衛侯次于五氏。

五氏，晉地。

秦伯卒。冬，葬秦哀公。

十年春，王三月，及齊平。

平八年再侵齊之怨。

夏，公會齊侯于夾谷。公至自夾谷。

公會齊侯于夾谷，叛晉故也。夾谷，齊地。

晉趙鞅帥師圍衛。齊人來歸鄆、讙、龜陰田。

三月及齊平，夏公會齊侯于夾谷，故齊人來歸鄆、讙、龜陰田。其言「來歸」者，明本非魯地也。

叔孫州仇、仲孫何忌帥師圍郈。秋，叔孫州仇、仲孫何忌帥師圍郈音后。

郈叛，叔孫州仇、仲孫何忌帥師圍之。郈不服，故二卿秋再圍郈。郈，叔孫邑。

宋樂大心出奔曹。宋公子地出奔陳。冬，齊侯、衛侯、鄭游速會于安甫。

安甫，地闕。

叔孫州仇如齊。宋公之弟辰暨仲佗徒何反、**石彄**苦侯反**出奔陳。**

宋公失道，其弟辰暨仲佗、石彄出奔陳，「暨」，不得已也。仲佗、石彄爲宋大臣，不能以道事君，爲辰强牽而去，故曰「宋公之弟辰暨仲佗、石彄出奔陳」以交譏之也。

十有一年春，宋公之弟辰及仲佗、石彄、公子地自陳入于蕭以叛。夏四月。秋，宋樂

大心自曹入于蕭。

大心從四子入于蕭，不言叛者，其叛可知也。

冬，及鄭平。

平六年侵鄭之怨。

叔還如鄭涖盟。

叔還，叔弓曾孫。

十有二年春，薛伯定卒。夏，葬薛襄公。叔孫州仇帥師墮許規反**郈。衛公孟彄帥師伐曹。季孫斯、仲孫何忌帥師墮費**音秘**。秋，大雩。冬十月癸亥，公會齊侯，盟于黄。十有一月丙寅，朔，日有食之。公至自黄。十有二月，公圍成。公至自圍成。**

郈，叔孫邑；費，季孫邑；成，孟孫邑。三邑强盛，宰吏數叛以爲國患，故皆墮之。經言「叔孫州仇帥師墮郈，季孫斯、仲孫何忌帥師墮費」，而獨書「公圍成」者，公弗能墮成也。三子能墮郈、墮費，而公弗能墮成，公室陵遲、政在三子故也。國内又以圍至者，君弱臣强，危甚。

十有三年春，齊侯、衛侯次于垂葭。夏，築蛇淵囿。大蒐于比音毗蒲。衛公孟彄帥師伐曹。秋，晉趙鞅入于晉陽以叛。冬，晉荀寅、士吉射音石入于朝歌以叛。晉趙鞅歸于晉。

趙鞅、荀寅、士吉射三卿專邑以叛，晉侯不能制。「趙鞅歸于晉」，無惡文者，鞅入晉陽以叛，此王法所誅也；鞅不遠而復，以晉陽歸國，此王法所赦也。故曰「秋，晉趙鞅入于晉陽以叛；冬，晉荀寅、士吉射入于朝歌以叛；晉趙鞅歸于晉」以甚荀寅、士吉射之惡也。晉陽，趙鞅邑；朝歌，晉邑。

薛弒其君比。

十有四年春，衛公叔戍來奔。衛趙陽出奔宋。二月辛巳，楚公子結、陳公孫佗人帥師滅頓，以頓子牂歸。夏，衛北宮結來奔。五月，於越敗吴于檇音醉李。

檇李，吴地。

吴子光卒。公會齊侯、衛侯于牽。

牽，衛地。

公至自會。秋，齊侯、宋公會于洮。天王使石尚來歸脤市軫反。

賑，祭肉也。天子祭社稷宗廟，有與諸侯共福之禮，此謂助祭諸侯也。魯未嘗助祭，天王使石尚來歸賑，非禮也。石尚，士，故名。

衛世子蒯苦怪反**聵**伍怪反**出奔宋。衛公孟彄出奔鄭。宋公之弟辰自蕭來奔。大蒐于比**音毗**蒲。邾子來會公。**

會公于比蒲也。

城莒父及霄。

此年無冬，脱之。

十有五年春，王正月，邾子來朝。鼷鼠食郊牛，牛死，改卜牛。

不言所食者，食非一處也。

二月辛丑，楚子滅胡，以胡子豹歸。夏五月辛亥，郊。壬申，公薨于高寢。

公薨于高寢，非正也。高寢，別寢。

鄭罕達帥師伐宋。齊侯、衛侯次于渠蒢。邾子來奔喪。

邾子來奔喪，非禮也。

秋七月壬申，姒氏卒。

姒氏，哀公妾母，不稱夫人；不言薨，哀未君也。姒氏，杞女。

八月庚辰，朔，日有食之。九月，滕子來會葬。

滕子來會葬，非禮也。

丁巳，葬我君定公。雨，不克葬。戊午，日下昃，乃克葬。

「雨，不克葬」，譏不能葬也，葬不爲雨止；「戊午，日下昃，乃克葬」，言無備之甚也。義與宣八年葬敬嬴同。

辛巳，葬定姒。冬，城漆。

漆，魯地。

卷十二

哀公名蔣，定公子，恭王二十六年即位。哀，謚也，恭仁短折曰哀。

元年春，王正月，公即位。楚子、陳侯、隨侯、許男圍蔡。

楚子以諸侯圍蔡，報柏舉也。案：定六年，鄭遊速帥師滅許，以許男斯歸，此復見者，蓋鄭滅之爲附庸，楚再使列于諸侯耳。柏舉在定四年。

鼷鼠食郊牛，改卜牛。夏四月辛巳，郊。秋，齊侯、衛侯伐晉。冬，仲孫何忌帥師伐邾。

二年春，王二月，季孫斯、叔孫州仇、仲孫何忌帥師伐邾，取漷火虢反，又音郭**東田及沂西田。**

案：襄十九年，取邾田，自漷水。今三卿帥師伐邾，又取漷東田及沂西田，故列數之，以重其惡。

癸巳，叔孫州仇、仲孫何忌及邾子盟于句繹。

季孫斯、叔孫州仇、仲孫何忌伐邾，取漷東田及沂西田，叔孫州仇、仲孫何忌又要邾子以盟，甚矣。句繹，邾地。

夏四月丙子，衛侯元卒。滕子來朝。晉趙鞅帥師納衛世子蒯聵于戚。

夏四月，衛靈公卒，衛人立輒。輒者，蒯聵之子也。故晉趙鞅帥師納蒯聵于戚。其言于戚者，爲輒所拒不得入于衛也。案：定十四年衛世子蒯聵出奔宋，靈公既卒，輒又已立，猶稱曩日之世子，蒯聵當嗣，惡輒貪國叛父、逆亂人理、以滅天性。孔子正其名而書之也。故子路問于孔子曰：「衛君待子而爲政，子將奚先？」孔子曰：「必也正名乎？名不正，則言不順，言不順，則事不成，事不成，則禮樂不興，禮樂不興，則刑罰不中，刑罰不中，則民無所措手足。」又冉有曰：「夫子爲衛君乎？」子貢曰：「諾，吾將問之。」入曰：「伯夷、叔齊何人也？」曰：「古之賢人也。」「怨乎？」曰：「求仁而得仁，又何怨？」此聖師之旨可得而見矣。故蒯聵出入，皆正其世子之名書之，所以篤君臣父子之大經也。不然，貪國叛父之人接踵于萬世矣。

秋八月甲戌，晉趙鞅帥師及鄭罕達帥師戰于鐵，鄭師敗績。

皆言帥師者，其衆敵也。鐵，衛地。

冬十月，葬衛靈公。

七月而葬。

十有一月，蔡遷于州來。蔡殺其大夫公子駟。

三年春，齊國夏、衛石曼姑帥師圍戚。

齊國夏序衛石曼姑上者，齊國夏主乎圍戚也。案：襄元年，仲孫蔑會晉欒黶、宋華元、衛甯殖、曹人、莒人、邾人、滕人、薛人圍宋彭城。此不言圍衛戚者，不與國夏助輒圍父也。國夏助輒圍父，逆亂人理，莫甚于此。故曰「齊國夏、衛石曼姑帥師圍戚」以誅其惡。

夏四月甲午，地震。五月辛卯，桓宫、僖宫災。

諸侯五廟，親盡則毁。桓、僖不毁，非禮也。故孔子因其災而並録之。不言「及」

者，親盡故也。

季孫斯、叔孫州仇帥師城啓陽。

啓陽，魯邑。

宋樂髡帥師伐曹。秋七月丙子，季孫斯卒。蔡人放其大夫公孫獵于吴。冬十月癸卯，秦伯卒。叔孫州仇、仲孫何忌帥師圍邾。

四年春，王二月庚戌，盗殺蔡侯申。

盗者，微賤之稱；不言弑者，賤盗也。其曰「盗殺蔡侯申」，責蔡臣子不能拒難。

蔡公孫辰出奔吴。葬秦惠公。宋人執小邾子。夏，蔡殺其大夫公孫姓音生**、公孫霍。晉人執戎蠻子赤歸于楚。**

蠻夷猾夏久矣，晉人執戎蠻子，不歸于京師而歸于楚，其惡可知也。

城西郛。六月辛丑，亳社災。

亳社，亡國之社也。武王克商，作亳社于廟，以爲天子戒。魯作亳社，非禮也。亡國之社屋，故有災。

秋八月甲寅，滕子結卒。冬十有二月，葬蔡昭公。葬滕頃公。

五年春，城毗。

毗，魯邑。

夏，齊侯伐宋。晉趙鞅帥師伐衛。秋九月癸酉，齊侯杵臼卒。冬，叔還音旋**如齊。閏月，葬齊景公。**

閏月，喪事不數，葬齊景公，非禮也。春秋二百四十二年，書閏者惟「文六年，不告月」，此年「葬齊景公」爾，皆譏其變常也。且三年之喪，練祥各有其月，此非禮可知。

六年春，城邾瑕。晉趙鞅帥師伐鮮虞。吴伐陳。夏，齊國夏及高張來奔。叔還會吴于柤莊加反。**秋七月庚寅，楚子軫卒。齊陽生入于齊。齊陳乞弒其君荼。冬，仲孫何忌帥師伐邾。宋向巢帥師伐曹。**

七年春，宋皇瑗帥師侵鄭。晉魏曼多帥師侵衛。夏，公會吴于鄫。秋，公伐邾。八月己酉，入邾，以邾子益來。

邾，吴與國。公秋伐邾，八月己酉入邾，以邾子益來，甚矣。結怨强吴，以取困辱，明年吴伐我是也。邾子名，責不死社稷。

宋人圍曹。冬，鄭駟弘帥師救曹。

八年春，王正月，宋公入曹，以曹伯陽歸。吴伐我。

吴伐我，以邾子益來故也。直曰「伐我」者，兵加于都城也。

夏，齊人取讙音歡**及闡**尺善反。

公前年入邾，以邾子益來。益，齊甥也，故齊人取讙及闡。

歸邾子益于邾。秋七月。冬十有二月癸亥，杞伯過音戈**卒。齊人歸讙及闡。**

公既歸邾子益于邾，故齊人歸讙及闡。凡土地，諸侯取之、歸之皆書者，惡專恣也。取而不歸則又甚矣。

九年春，王二月，葬杞僖公。宋皇瑗帥師取鄭師于雍於勇反**丘。**

鄭人圍宋雍丘，宋皇瑗帥師救之，取鄭師于雍丘，鄭師不戒也。

夏，楚人伐陳。秋，宋公伐鄭。冬十月。

十年春，王二月，邾子益來奔。公會吴伐齊。

公會吳伐齊，齊中國也，吳夷狄也。夷狄伐中國，〔二〕其患可知也。

三月戊戌，齊侯陽生卒。夏，宋人伐鄭。晉趙鞅帥師侵齊。五月，公至自伐齊。葬齊悼公。衛公孟彄自齊歸于衛。薛伯夷卒。秋，葬薛惠公。冬，楚公子結帥師伐陳。吳救陳。

十有一年春，齊國書帥師伐我。

公前年會吳伐齊，故齊國書帥師伐我。

夏，陳轅頗出奔鄭。五月，公會吳伐齊。甲戌，齊國書帥師及吳戰于艾陵，齊師敗績，獲齊國書。

公再會吳伐齊，戰于艾陵，不言公者，公與音喻，下同上伐不與下戰也。

秋七月辛酉，滕子虞母卒。冬十有一月，葬滕隱公。衛世叔齊出奔宋。

十有二年春，用田賦。〔三〕

田者，井田也；賦者，財賦也。宣公奢泰，始什二而稅，至于哀公則又甚焉。哀公不

〔二〕「夷狄」，四庫本以缺字處理。

〔三〕左傳經文作「十有二年春，王正月，用田賦」。

道，既什二而稅其田，又什二而斂其財，故曰「用田賦」，言用田以爲財賦之率也。

夏五月甲辰，孟子卒。

吳女，昭公夫人。其曰「孟子卒」，諱取同姓也。不言葬者，略之也。故陳司敗問：「昭公知禮乎？」孔子曰：「知禮。」孔子退。揖巫馬期而進之曰：「吾聞君子不黨，君子亦黨乎？君取于吳爲同姓，謂之吳孟子。君而知禮，孰不知禮？」巫馬期以告，子曰：「丘也幸，苟有過，人必知之。」

公會吳于橐皋。秋，公會衛侯、宋皇瑗于鄖音云。**宋向巢帥師伐鄭。冬十有二月，螽。**

周之十二月，夏之十月也，爲異之甚。

十有三年春，鄭罕達帥師取宋師于嵒。

宋向巢帥師伐鄭，鄭罕達帥師取宋師于嵒，報雍丘之師也。案：九年，宋皇瑗帥師取鄭師于雍丘，二國覆師以相償報，其惡如此。

夏，許男成卒。公會晉侯及吳子于黃池。

黃池之會，其言「公會晉侯及吳子」者，主在吳子也。黃池之會，不主晉侯而主吳子者，蓋晉侯不能主諸侯故也。吴自柏舉之戰，勢横中國，諸侯小大震栗，皆宗于吴，晉侯不見者二十四年，此不能主諸侯可知也。故黄池之會，吴子主焉。不言公會吴子、晉侯者，不以荒服冠諸夏也。不以荒服冠諸夏者，尊諸夏也。〔二〕案：吴定四年入楚，哀六年伐陳，夏，叔還會柤，七年公會鄫，八年伐我，十年公會伐齊，十一年公會伐齊，十二年公會橐臯，皆曰吴以狄〔三〕之，此稱「子」，復舊爵也。噫！吴楚之君，狂僭之惡，罪在不赦，故宜終春秋之世貶之。孔子不終春秋之世貶之者，傷聖王不作，中國失道〔三〕之甚也。鄉使聖王興，百度脩，萬物遂，則九州四海皆將重譯，襁負其子而至矣，又安有奔、軼、狂、僭、肆、誅、伐、專、盟、會之事哉？此孔子之深旨也。黄池，衛地。柏舉之戰在定四年。

楚公子申帥師伐陳。於越入吴。

〔一〕「不以荒服冠諸夏也。不以荒服冠諸夏者，尊諸夏也」，四庫本作「不與吴子主盟故也。不與吴子主盟者，惡吴僭故也」，通志堂本作「不與夷狄主中國也。不與夷狄主中國者，存中國也」。

〔二〕「狄」，四庫本作「外」。

〔三〕「中國失道」，四庫本作「名分失正」。

於越入吳，吳子方會，乘其無備也。

秋，公至自會。晉魏曼多帥師侵衛。葬許元公。九月，螽。冬十有一月，有星孛音佩**于東方。**

光芒四出曰孛；不言所在之次者，見于旦也。案：文十四年「有星孛入于北斗」，昭十七年「有星孛入于大辰」，此不言所在之次者，見于旦可知也。

盜殺陳夏區音甌**夫。十有二月，螽。**

十有四年春，西狩獲麟。

狩未有言其所獲者，此言「西狩獲麟」何也？傷之也。孔子傷麟之見獲與？孔子傷聖王不作，中國〔一〕遂絶，非傷麟之見獲也。然則曷爲絶筆于此？前此猶可言也，後此不可言也。天子失政自東遷始，諸侯失政自會溴古役反，又音古璧反梁始。故自隱公至于溴梁之會，天下之政、中國之事，皆諸侯分裂之；自溴梁之會至于申之會，天下之政、中國之事

〔一〕「中國」，四庫本作「聖道」。

皆大夫專執之；自申之會至于獲麟，天下之政、中國之事〔一〕，皆吴、楚〔二〕迭制之。聖王憲度、禮樂、衣冠、遺風舊政，蓋掃地矣。中國〔三〕淪胥，逮此而盡。前此猶可言者，黄池之會，晉魯在焉。後此不可言者，諸侯泯泯，制命在吴，無復中國，天下皆從吴故也〔四〕。是故春秋尊天子、貴中國；貴中國，所以賤吴楚也〔五〕；尊天子，所以黜諸侯也。尊天子、黜諸侯，始于隱公是也；貴中國、賤夷狄〔六〕，終于獲麟是也。嗚呼！其旨微哉！其旨微哉！

〔一〕「中國之事」，四庫本作「會盟征伐」。
〔二〕「吴、楚」，通志堂本作「夷狄」。
〔三〕「中國」，四庫本作「周道」。
〔四〕「無復中國，天下皆從吴故也」，四庫本作「無復天子會盟、征伐之事也」，通志堂本作「無復中國，天下皆夷狄故也」。
〔五〕「尊天子、貴中國；貴中國，所以賤吴楚也」，四庫本作「尊天子，褒齊晉。褒齊晉，所以貶吴楚也」。
〔六〕「貴中國、賤夷狄」，四庫本作「褒齊晉、貶吴楚」。

附録

舉張問孫復狀

范文正公

右臣伏睹赦書節文：「一應天下懷才抱器，或淹下位，或滯草萊，委逐處具事由聞奏。」

臣觀國家居安思危，搜羅賢俊以充庶位，使民受賜，此安邦之正體也。

臣竊見試將作監主簿張問，文學履行，有名于時，前應茂材異等科，再考中式，以父喪不得就試。近上封事，始霑國恩，職不稱才，衆知沉落。

臣又見兗州仙源縣寄居孫復，元是開封府進士，曾到御前，素負詞業經術，今退隱泰山，著書不仕。心通聖奥，迹在窮谷。

伏望朝廷依赦文采擢。張問乞除一陝西藩鎮職事官，孫復乞賜召試特加甄奬。庶幾聖朝涣汗被于幽滯。

孫先生墓誌銘（并序）

歐陽文忠公

先生諱復，字明復，姓孫氏，晉州平陽人也。少舉進士不中，退居泰山之陽，學春秋，著尊王發微。魯多學者，其尤賢而有道者石介，自介而下皆以弟子事之。

先生年逾四十，家貧不娶，李丞相迪將以其弟之女妻之。先生疑焉，介與群弟子進曰：「公卿不下士久矣，今丞相不以先生貧賤而欲託以子，是高先生之行義也，先生宜因以成丞相之賢名。」于是乃許。孔給事道輔爲人剛直嚴重，不妄與人，聞先生之風，就見之。介執杖屨侍左右，先生坐則立，升則降，拜則扶之，及其往謝也亦然。魯人既素高此兩人，由是始識師弟子之禮，莫不嘆嗟之，而李丞相、孔給事亦以此見稱于士大夫。其後介爲學官，語于朝曰：「先生非隱者也，欲仕而未得其方也。」

慶曆二年，樞密副使范仲淹、資政殿學士富弼言其道德經術宜在朝廷，召拜校書郎、國子監直講。嘗召見邇英閣説詩，將以爲侍講，而嫉之者言其講説多異先儒，遂止。七年，徐州人孔直温以狂謀捕治，索其家得詩，有先生姓名，坐貶監虔州商税，徙泗州，又徙知河南府長水縣，簽署應天府判官公事，通判陵州。翰林學士趙槩等十餘人上言，孫某行爲世法，經爲人師，不宜棄之遠方，乃復爲國子監直講。

居三歲，以嘉祐二年七月二十四日，以疾卒于家，享年六十有六，官至殿中丞。先生在太學時爲大理評事，天子臨幸，賜以緋衣銀魚。及聞其喪，惻然，予其家錢十萬，而公卿大夫、朋友、太學之諸生相與弔哭，賻治其喪。于是以其年十月二十七日，葬先生于鄆州須城縣盧泉鄉之北扈原。

先生治春秋，不惑傳注，不爲曲説以亂經。其言簡易，明于諸侯大夫功罪，以考時之盛衰，而推見王道之治亂，得于經之本義爲多。方其病時，樞密使韓琦言之天子，選書吏，給紙筆，命其門人祖無擇就其家得其書十有五篇，録之藏于秘閣。先生一子大年，尚幼。銘曰：

聖既殁經更戰焚，逃藏脱亂僅傳存。衆説乘之汩其原，怪迂百出雜僞真。後生牽卑習前聞，有欲患之寡攻群。往往止燎以膏薪，有勇夫子闢浮雲。刮磨蔽蝕相吐吞，日月卒復光破昏。博哉功利無窮垠，有考其不在斯文。

春秋尊王發微跋〔一〕

六經皆先聖筆削而志獨在于春秋者，賞善罰惡、尊天子而已矣。奈何傳注愈多而聖人之意愈不明。平陽孫復先生，奥學遠識，屏置百家，自得褒貶之意，立爲訓傳，名曰尊王發微。其辭簡其義明，惜流傳既久，訛舛益多。安行〔二〕假守滌陽〔三〕，公餘獲與同僚參校釐

〔一〕底本無題。儒藏整理本題作「春秋尊王發微序」。然此文置於全書之末，似作爲「跋」更加合適。

〔二〕據景剛南宋滁州守臣小傳（滁州學院學報2009年第4期）一文：魏安行字彦成，樂平（今屬江西）人。曾任真州知州。紹興十九年（1149）以張浚薦爲大理寺卿，出知廣德，改滁州。時滁當兵後，景象荒蕪，安行有治績。紹興二十年，令僧重建龍興寺佛殿。二十一年冬任京西漕，治水有功。因忤時相被貶官，後起知吉州，除户部郎，進屯田十二册。紹興三十年（1160）以左朝散大夫直敷文閣任淮南轉運副使。（據要録卷163、隆慶儀徵縣誌卷4、景定建康志卷26、正德饒州府志卷2、滁州舊志）

〔三〕「滌陽」當爲「滁陽」，魏安行于紹興十九年出知滁州。

正，謬誤凡一百一十九，釋文二百一十四。命工鏤板以授學官。若先生操履學問，則有范文正公薦章、歐陽文忠公墓志銘，載之詳矣。此不復叙。

紹興辛未五月于卷末